映像表現革命時代の映画論

杉本穂高

星海社

282

SEIKAISHA
SHINSHO

はじめに

「実写」という言葉を近年、よく聞くようになった。それは、近年アニメーション作品の存在感が拡大していることで区別のために用いられる機会と、アニメや漫画のようなコンテンツを原作として用いる映像作品が増えていることが理由だろう。かつては、映画と言えば基本的に実写作品を指すことが多く、そういう時代にわざわざ実写という言葉を多用する必要はなかったのだろう。

実写とは「実を写す」と書く。その意味は読んで字の如くだと思われる。実際にある風景や人間を写しているから実写と呼ばれているはずだ。しかし、今日、実写映画と呼ばれている作品の中には、ＶＦＸ技術をふんだんに駆使し、画面の大部分が撮影されたものではない要素で占められている作品が数多く存在する。そうした作品を鑑賞していると、これは本当に「実を写しているのか」と疑問に感じる瞬間がある。読者の中にもそう感じたことのある人はそれなりにいるのではないか。

例えば、ディズニーがかつての名作アニメーション映画を「実写化」した『リトル・マーメイド』（2023年）は、生身の俳優が人魚の役を演じているが、彼女たちは実際に海の中に潜って歌い踊っているわけではない。人魚の華麗な遊泳は人間には再現不可能なはずだし、魚や蟹も喋ったり歌ったりもしない。こういう作品は素直に「実写映画」と呼んでいいのだろうか。

一方、実写と対になるアニメーションというカテゴリにも、まるで実景かと見紛うような写実的な映像を持つ作品も増えている。アニメーションとは「frame by frame（コマ撮り）」によって作られる作品を指す。日本においては絵で描かれた作品がアニメーションだと思われがちだが、立体物をコマ撮りするストップモーションや、生身の人間をコマ撮りする技法も存在し、絵によって描かれる日本アニメの手法は数ある手法の一つに過ぎない。しかし、3DCGのように物理演算によって架空の存在を動かす技法の登場によってコマ撮りではない非・実写映像も増加しており、AI技術の進化がさらに運動の自動化を推し進めることになるだろう。

そうした現代の映像作品に触れていると、ふと、「自分は今何を観ているんだろう」と考え込む時がある。

実写とアニメーションは融解し、混じりあっている。まるごとイコールな存在とは言えないが、共通項は確実に増えている。そういう実感を筆者はここ数年、ずっと抱いていた。こうした疑問は多くの識者によっても指摘されてきたし、一般的な感覚としても広がっているだろう。

そういう時代にもかかわらず、実写映画とアニメーションをめぐる言説は、交わることが少ない。同じテーブルで批評的に議論されることは多くないし、アカデミー賞や映画祭においても、なんとなく実写とアニメーションは棲み分けられている。

もちろん、それぞれの専門性は存在する。アニメーションならではの魅力も存在するし、作り手たちはそれを追求してきたはずだ。しかし、同時に共通点も存在するはず。そして、その共通する部分が今、増えているのではないか。専門性と違いについて言及することは重要だが、増大している両者の共通項を無視しては、作品の本質を見失うことにならないか。今、実写とアニメーション両方を横断する新たな専門性が求められていると筆者は考えている。

「frame by frame」は、そもそもにおいて映画の基本原理である。実写映画は1秒24フレームの静止画を連続することで成り立っており、根っこの部分で実写とアニメーションに違いはない。ならば、今一度その基本に立ち返りつつ、実写と呼ばれる作品群とアニメーションと呼ばれる作品群の共通する要素を探るべきではないか。実写映画の批評で言われてきたような要素をアニメーション作品に見出すこともできるはずだし、アニメーション的な運動のあり方を実写映画に見出す、そうすることで、これからの映像文化を見通しやすくできるのではないか。筆者はそんなことを考えながら本書を書いた。

本書は、ウェブメディア「リアルサウンド映画部」での連載を基に大幅な加筆・修正を行い、他メディアで書いた原稿を一本、さらに書き下ろしを加えて、再構成している。全5章からなり、それぞれの章は独立しているが緩やかに繋がりを持つ。全編通して読んでいただければ理解は深まるが、興味のあるところから読み進めていただいても構わない。

第1章「現代アニメに息づく映画史」は、現代アニメーション作品の中に、映画史の記憶を読み取ることができることを論じる。アニメーションもまた映画史に連なるものであり、映画が培ってきたものが現代のアニメにも色濃く根付いているのだ。

第2章「実写とアニメーションの間隙」は、実写とアニメーションの境界を積極的に超えようとする作品を取り上げ、両者の「らしさ」とその間にある別の映像の可能性を論じる。

第3章「フレームレートとテクスチャー」は全ての映像の原理であるコマのあり方について論じる。フレームレートが実写とアニメーションをどう分けるのか、あるいはフレームの連続という共通項は両者に差がないことを示すのかを論じる。

第4章「実写とアニメーションの弁証法」は、実写とアニメーションを融合させた作品群の歴史を振り返り、映画界最高の権威であるアカデミー賞が実写とアニメーションをどう定義づけているのかを振り返る。ここから見えてくるのは、ある種の奇妙なヒエラルキーだ。果たして映画産業を支配する「実写」の正体とはなんだろうか。

第5章「AI時代の演技論」では、役者の声と身体、そしてAIについて議論する。生成AIの急速な進歩は、映画にも多大な影響を及ぼすだろう。映画製作のあらゆる工程に波及すると考えられているAIの影響は、3DCG時代すら生き延びた映画の絶対的な「顔」、役者の存在をも揺るがす可能性がある。背景まるごとCGの作品でも実写映画だと認識されるのは生身の役者の存在ゆえであり、その意味で役者は、実写が実写であることを担保する最後の砦とも言える存在だ。生成AIによって役者の地位が脅かされる時、映像を実写とアニメーションに分類する意味は失われるだろうか。それとも、それは実写ともアニメーションとも異なる新たな映像ジャンルの出現を意味するだろうか。

最後に本書における用語の使用方針について記しておく。日本語で「アニメ」は、「アニメーション」の省略形であるが、諸外国では「アニメ（anime）」は独自の美学を発展させた日本発祥のアニメーションのいちジャンルと見なされている。日本スタイルの作品とアニメーション全体を区別するため、本書では諸外国の用法にならい、日本の商業アニメスタイルの作品を「アニメ」、コマ撮りによって作られた作品の総称を「アニメーション」と記述することにする。海外の用法が正しいというわけではなく、これは区別して語るために便利だという理由による。

また、「実写」という言葉に関しては、時代によってその言葉が指すものが変化していることを本書の中でも指摘しているのだが、特に断りのない場合、いわゆる写実的で、生身の俳優が登場する作品を指すことにする。アニメーションやアニメ以上に曖昧なこの言葉についても本書は思考し、より確かな輪郭をもたらすことも企図している。

本書が、「実写／アニメーション」の二分法的な映像の見方を更新し、今後の映像文化を考える一助になれば幸いだ。

目次

第3章

フレームレートとテクスチャー 149

第1章

現代アニメに息づく映画史

「列車映画」としての『劇場版「鬼滅の刃」無限列車編』

冒頭、駅に停留していた列車が動き始める。主人公の炭治郎《たんじろう》たちの声が画面の外から聞こえてくる。煙を堂々と噴き上げると車輪が回転を始め、走り出した列車に飛び乗る炭治郎たち。そして、物語が動き出す。

プロローグ的な位置付けの墓のシーンが終わり、『劇場版「鬼滅の刃」無限列車編』（2020年）は上記のように幕を上げる。列車の出発と同時に物語も出発するのだ。『鬼滅の刃』という作品において、この『無限列車編』はもっとも映画化向きのエピソードだろう。それはこの導入部が端的に示している。

映画と列車の相性の良さはいくつかの必然がある。映画（モーション・ピクチャー）は運動（モーション）によって人を魅了する。列車は、運動によって人や物を運搬する。映画も列車も運動を本質としている。規則正しく決められた時間に上映が始まり、決められた時間に終了する映画の時間表は、列車の運行表にも似ている。

それ以上に、両者の関係には歴史的な深い結びつきがある。これまで列車を舞台・題材にした映画が数多く作られてきた。本論では、列車と映画の近さから、列車という舞台装置がいかに本作の魅力を高めたか、この作品がいかに映画史に連なる運動の魅力に溢れているかを明らかにする。そして、本作において列車が表象するものがなんなのかを考えてみたい。

映画と列車の文化史

映画の歴史は、列車の映像から始まったと言われる。

映画の父、フランスのリュミエール兄弟が1895年に発表した『ラ・シオタ駅への列車の到着』は、映画の始まりの一つとされている。約50秒あまりのこの映像は、固定カメラによって列車が到着し乗客が降りてくる様子を写しただけのものだ。画面に向かってくる列車に驚いた観客が逃げ惑ったという逸話とともに語られることも多く、その真偽はここでは問わないが、写真が動く、それだけのことに当時は大きなインパクトがあったことは確かだろう。リュミエール兄弟は世界中に撮影隊を派遣し、これ以外にも数多くの列車や駅を撮影している。中でも有名なのは『鉄道でエルサレム出発』(1897)という作品だ。これは『列車の到着』の反対で、出発する列車にカメラを載せて撮影した映像で、世界で最初に移動撮影を試みたものと言われている。以来、初期の映画において列車は重要なモチーフであり続け、飛行機が安価な近年になっても、スクリーンを切り裂くように突き進む列車の迫力は映画を彩り続けている。

映画史初期に映画と列車を紐づけたのはリュミエール兄弟だけではない。旧ソ連の映画監督アレクサンドル・メドヴェトキンは1932年、旅する映画制作集団「映画列車」を主宰し、ソ連各地に赴《おもむ》き、ニュース映画などの制作を手掛けた。[*1]

映画の黎明期《れいめいき》で、列車と映画の結びつきに関する最も端的で興味深い事例は、1904年ごろから始まった「ヘイルズ・ツアーズ」と呼ばれる上映形態だろう。これは、列車の車内を模した部屋に観客を座らせ、前方のスクリーンに機関車の全面にくりつけて撮影された映像を投射するというものだ。映画が生まれたての頃、列車の旅行は現代ほど気軽にできるものではなかった。ヘイルズ・ツアーズは、疑似的な乗車体験を気軽に味わえるものだ。

なぜ、初期映画は列車を必要としたのだろうか。それは映画が運動を描くことができる

＊1　加藤幹郎「Medvedkine Project: 列車映画データベース」
http://www.cmn.hs.h.kyoto-u.ac.jp/NO2/medvedkine/TRAIN_DB.HTM（Medvedkine Project、最終確認日2023年5月28日）

メディアであると、先行する写真に対しての違いを主張するためだ。映画評論家の加藤幹《かとうみき》郎《ろう》は自著『映画とは何か』（2001年）で以下のように語る。

一九世紀末に新媒体（ニュー・メディアム）として登場した映画（モーション・ピクチュア）にとって、同時代を代表する最速最大の運動媒体は列車だったということである。〔中略〕動く被写体をリアリスティックに再現することで人気を博しはじめた映画にしてみれば、そうした自己の特性に見あうすぐれた運動性能を発揮する列車をとらえてこそ、自己の存在理由を大きく喧伝することができた。映画が被写体の再現において先行メディア（写真や絵画）と差別化をはからねばならないとき、第一に主張しうることは、映画が「運動」を再現できる最初の本格的表象メディアムだということである。[*2]

加藤の指摘は、筆者に『無限列車編』冒頭の機関車が動き出す瞬間の興奮を思い出させた。鉄の塊が動く、そのことに誰もが子どものころは驚いたはずだし、動く列車の中から流れる車窓を眺めて興奮したことがあるだろう（映画の中の伊之助《いのすけ》のように）。列車と映画

*2　加藤幹郎『映画とは何か』みすず書房、2001年、P117〜118

は、運動という分かちがたいキーワードで結ばれた相思相愛の仲であり、映画は純粋にその驚きに迫る初めてのメディアだった。本作は、運動の驚きと物語が動き出す興奮を重ね合わせることで観客にそれを思い出させようとする。３ＤＣＧの物理演算で正確に表現された無限列車は本物同様の迫力をたたえ、映画初期から描かれ続けた巨体が動く興奮をスクリーンに刻み付けている。ホームから移動するその瞬間、機械的運動を繰り返し、激しく回りだす車輪、もうもうと煙を夜の闇に向かって吐き出す機関部の雄々しさに、「動くこと」そのものの興奮が宿っている。そして、列車を舞台にするということは、終始舞台が運動し続けているということでもある。運動を持ち味とする映画にとってこれ以上ふさわしい舞台はない。

しかし、今日の映画は、「運動」の魅力だけでは成り立たない。複雑なプロットで感情の起伏を作り上げ、観客の心を楽しませねばならない。動きの興奮に加えて映画は、怒りや悲しみ、笑いや恐怖など様々な感情を喚起するものへと発展していった。加藤の言葉を借りて言うと、「映画はモーション（運動）からエモーション（情動）の双方を描くようにな
った」のだ。[*3]

＊３　『映画とは何か』、Ｐ１２４

感情を表現するために映画はプロット（物語）を必要とした。そして、本格的なプロットを持った初めてのアメリカ映画は、やはり列車を題材にした『大列車強盗』（1903年）だった。

そうして、今日の映画はモーションとエモーションの混淆《こんこう》が映画の醍醐味となり、その二つを生み出す傍らに列車は常に寄り添っていたのである。

冒頭シーンの巧みなアレンジ

映画史と列車の関係を『無限列車編』の作り手たちが意識したかどうかはわからない。だが本作は、エモーションを創出するための物語とモーションを描く運動が極めて的確に連動しているということは指摘できる。

上述の冒頭シーンを原作漫画と比較してみよう。原作に忠実な映像化だと評価されることが多い本シリーズだが、映画ならではのアレンジも随所に見受けられる。その一つが冒頭の列車の出発と物語の出発のシンクロだ。原作では、駅に停車している無限列車に炭治郎たちがいそいそと乗り込み、煉獄《れんごく》を見つけ、いくつかの会話をしてから列車が動き出す。列車の出発を待たずして、物語が始まっているわけだ。対して映画では、炭治郎たちは走り出す列車に飛び乗り、煉獄を見つけるのは列車が走っている最中である。列車と物語が同時に出発しているのだ。エモーションを描く物語とモーションを描く列車がきちんと手を取り合って動き出している。この細やかなアレンジにufotableの映画への理解の深さを感じる。ちなみに、冒頭の列車に飛び乗るシークエンスに炭治郎、善逸《ぜんいつ》、伊之助の三人のキャラクターと関係性がよく表れていて、TVシリーズ未見の観客にも上手く伝えている。猪突猛進に真っ先に一人で飛び乗る伊之助、あとに続く炭治郎は、善逸に手を差し伸べ手助けする。ひとつのアクションに三人の個性と関係性を詰め込み、なおかつ、モーションとエモーションを同時に動かすという映画史を踏まえたアレンジである。原作に忠実という評価はもちろん正しいが、随所に加えられた絶妙なアレンジも本作を優れたものにしているポイントだ。

映画と観客の関係をメタ的に表現

映画館で上映される映画は、アクシデントがなければ、時間通りに始まり時間通りに終わる。列車も一度走り出したら終点に着くまで戻らず進み続け、やはり事故がなければ時間通りに目的地に到着する。その直進的な映画のあり方が、ページを読み飛ばしたり戻ったりできる小説や漫画との大きな違いだ。

観客は主人公と一緒に物語を体験する。映画の物語装置としてのあり方を指して、加藤幹郎は「映画の主人公は、理想的な観客をのせて物語世界を航行するテーマ・パークの乗物（ライド）のようなものである」と語っている。[*4] 主人公は、なにゆえ主人公なのか。それは、物語の中心にいるから主人公なのだ。物語の終わりから始まりまで主人公はその中心にいて、観客は主人公とともに物語世界を見つめる。映画とは、観客が暗闇の中で受動的に、主人公をただ黙って見つめることで一体化して楽しむ。これは、物語についての暗黙の了解のようなものだ。

しかし、本作は物語と主人公、そして観客の関係についての暗黙の了解を公然と破壊する。テーマパークの乗り物が途中で壊れたり、脱線したりすれば、乗客は不安に陥るだろう。ならば、観客を安全に物語の終点まで送り届けるためには主人公は最後まで主人公でい続けなくてはならない。しかし、本作は主人公が途中から主人公でなくなることに大きな特徴がある。

『鬼滅の刃』のシリーズを通した主人公は炭治郎だ。『無限列車編』の物語も、炭治郎が無

＊4 『映画とは何か』、P23

限列車に乗り込むことで動き出し、炭治郎が煉獄と出会い、鬼に出くわすという流れで進んでいく。そして、列車と一体化した魘夢《えんむ》を炭治郎が仲間の協力を得て倒し、無限列車が派手に脱線する。直進し続けた列車が脱線によって止められると同時に、主人公として物語を牽引してきた炭治郎は（一時的に）主人公ではなくなる。本作の真の主人公は煉獄だと言われることもあるが、列車が脱線した後、主人公らしく振る舞うのは確かに煉獄杏寿《れんごくきょうじゅ》郎《ろう》である。

本作のこの特異な展開は、映画と観客との関係性を高度に表象する。

映画は、列車が直進するように時間通りにまっすぐ進行し、観客はそれに干渉する方法は一切ない。観客にできることは、ただ黙って映画を観ることだけだ。主人公として観客に観られる対象だったはずの炭治郎は、煉獄と猗窩座《あかざ》の戦いに手を出すことができず、二人の戦いを見つめるだけになってしまう。夜明け前が一番暗いとは、『ダークナイト』（2008年）のハービー・デントのセリフだが、その一日のうちで最も暗い夜明けの闇の中で、さっきまで主人公だった男が、映画館の暗闇で映画を見つめる観客のように、ただ黙って見ることしかできなくなってしまうのだ。

この時の炭治郎の状態は、物語の主人公というより、我々と同じ「観客」に近い。この炭治郎の変化に、映画鑑賞の不自由さの魅力が詰まっている。インターネットという最新の媒体は、能動的な双方向性が特徴のメディアで、積極的に参加することで面白さを発揮する。映画館における映画は、インターネットと正反対のただ受動するだけのメディアだ。テレビのようにチャンネルを変えることも、早送りすることすら許されない。

何もできないからこそ、炭治郎は煉獄の死が一層悔しいと感じる。観客もまた、鬼の活動リミットである朝日が早く昇ることを祈ることしかできない。本作は、主人公だったキャラクターを観客とメタ的に同一化させることで、不自由であるからこそ体験可能な強烈なエモーションを観客に体験させるのだ。

加藤幹郎はシンポジウムで、映画の「観客はモビリティ（運動性）を味わうためにイモビリティ（非運動性）を強いられている」と語っている。[*5] 観客は黙って座っているしかない、その不自由さに魅力がある。その魅力をメタ的に伝えるきっかけを作るのが、運動の象徴である列車の脱線であるというのが大変に示唆的だ。運動していたものが、運動でき

＊5 「第一回シンポジウム　映画学と映画批評の未来」
http://www.cmn.hs.h.kyoto-u.ac.jp/CMN4/sympo.files/symposium1.html（CineMagaziNet!、最終確認日2023年5月28日）

なくなると同時に、主人公だった炭治郎もまた運動性を奪われた「観客」になる。原作者の吾峠呼世晴《ごとうげこよはる》がこのエピソードを描いた時に、こうした映画に対する批評性を意識したかはわからないが、様々な幸運が重なり映画として描かれることで、偶発的に強い批評性を獲得しているのが『無限列車編』というエピソードなのだ。

炎柱・煉獄と炎で動く蒸気機関車

最後にもうひとつ加えると、本作に登場する列車が蒸気機関車であるというのは、大正時代という歴史的背景の必然性以外に、とあるキャラクターを表象しているといえるだろう。むろん、煉獄杏寿郎のことである。

石炭を燃やす炎の力で動く蒸気機関車を舞台に、炎柱である煉獄の活躍が描かれるのは、物語とキャラクターが舞台と密接にかかわり、作品の密度を高めている。蒸気機関車の脱線による運動の停止は、煉獄の死の暗示でもある。漫画では死にゆく煉獄と脱線した列車を一緒に描くコマはないが（週刊連載でそこまで背景を描きこむのは困難だったのかもしれない）、映画ではワンショットで煉獄と列車を収めることで、列車の運動の喪失と煉獄の命の喪失、二重の喪失感を描きこんでいる。本作の結末を多くの観客が知っているにもかかわらず、一層やるせない感情を抱き涙を流すのは、こうした巧みな映像による象徴表現があるからだ。

『劇場版「鬼滅の刃」無限列車編』は、映画史が列車とともに刻んできた運動の快楽、モーションとエモーションの融合、そして映画と観客の関係性への批評的考察までが（半ば偶発的に）含まれた希少な作品だ。テレビシリーズの「劇場版」は、それ単体で物語を把握できないことから映画ではないと批判されることもあるが、列車が動き出す冒頭のワクワク感に始まり、朝日に照らされ、脱線して運動できなくなった列車と煉獄の命の喪失感で締めるこの作品は、モーション（運動）によってエモーション（情動）を描き続けた映画史に連なる、まごうことなき「映画」だと筆者は思う。

アニメのメロドラマ的想像力『ヴァイオレット・エヴァーガーデン』

『ヴァイオレット・エヴァーガーデン』（2018年）は美しい作品だ。「美しい」という言葉からあふれ出さんとするほどに美しくあろうとしている。

登場人物が美しい、背景が美しい、小道具も衣装も、服や髪を揺らす風も、光も、画面に映るすべてが美しくあろうとしている。なにより、タイトルが美しい。

その過剰な美しさは、もはや現実にはないほどだと思える。絵空事だと言いたいのではない。リアリズムの原則に縛られていないと言うべきだ。これはアニメならではの美しさなのかもしれない、しかし、この過剰なまでの美しさは、どこかで見覚えがある気もするのだ。

『ヴァイオレット・エヴァーガーデン』の過剰な美しさは、黄金時代のハリウッドが極めた「メロドラマ」のスタイルに基づいていると筆者には思える。戦争が引き裂く男女、届かない手紙、暗喩的に示される抑圧、登場人物の感情を高らかに代弁する音楽、舞台、照明、構図、そして観客が流す涙などなど。本作には、メロドラマの美学がそこかしこに見られるのだ。

本論では、『ヴァイオレット・エヴァーガーデン』、とりわけ2020年に公開された『劇場版 ヴァイオレット・エヴァーガーデン』を中心にメロドラマ映画として読み解くことで、アニメもまた映画史に連なるものであることを示したいと思う。

メロドラマとは「チープ」ではない

メロドラマは誤解されやすいジャンルだ。「チープなお涙ちょうだいもの」というイメージを持たれることが多く、いまだに作品を貶める蔑称として用いられることもある。しかし、それは間違いだ。メロドラマとは、人間の真の感情に迫るための演劇的、映画的装置であり、観客をある感情の高みへと導き解放するものだ。

元々、メロドラマの「メロ」とはメロディ、つまり音楽を指している。映画史家の四方《よ も》田犬彦《たいぬひこ》氏は、メロドラマの起源は十七世紀イタリアの「メロディーをもったドラマ」を起源とし、それがフランス革命前後から悲劇にとってかわって新興ブルジョワジーの世界観と道徳意識を体現する演劇様式となり、ハリウッドによって全世界に普及したと紹介している[*6]。

メロドラマの価値を最初に見出した1976年の名著『メロドラマ的想像力』（日本での出版は2002年）を書いたピーター・ブルックスは、メロドラマがフランス革命後、自由・平等・博愛を理想とする社会に邁進するフランスで、王権なきあと、平等にとって妨げとなる抑圧的なもの、身分や社会的秩序、あるいはジェンダー差別などに翻弄される主人公を通して、自由と平等の希《き》求《きゅう》を語ったと記している[*7]。

メロドラマは、そのスタイルゆえに安っぽいものだと誤解を受けやすい。メロドラマは基本的に、役者は感情を大げさに表現し、善玉と悪玉がわかりやすく割り振られ、画面はあらゆる方法で登場人物たちの感情を表現しようと試みる。時にはリアリズムを無視した展開を見せることもあり、とにかく、観客に強い情動を呼び起こすように作られる。

映画評論家の加藤幹郎は、映画におけるメロドラマは「過剰なまでに画面が饒舌《じょうぜつ》」であると語る。

＊6　四方田犬彦『映画と表象不可能性』産業図書、2003年、P208～209

＊7　ピーター・ブルックス〔四方田犬彦＋木村慧子＝訳〕『メロドラマ的想像力』産業図書、2002年、P38～44

メロドラマにおいては、いつも画面が、その色彩や形態、そしてこれは次にみることですが、主人公が実際に立っている場所の背景、小道具などのセッティングが、高まる音楽と相まって、いつも何事かを観客にたいして、実に饒舌に――ときに声高に、ときに囁きかけるように語りかけるということです。[*8]

加藤は、そんなメロドラマの過剰な饒舌さが弱者の声を代弁するものとして機能してきたと言う。

メロドラマには負のメロドラマと正のメロドラマがあります。負のメロドラマとは弱者の吐く（本来なら他人の耳に届くはずのない）弱音です（「弱音」とは、ここで「よわね」であると同時に「じゃくおん」であることに気をつけてください、つまり弱者の吐く弱音には社会的ミュート〔弱音器〕がつけられていて、弱い音しか出せないのです）。正のメロドラマとは弱者の見る幸福な夢です。前者において弱者は外圧に翻弄されるまま死んでしまいます。後者においては

＊8　加藤幹郎『映画のメロドラマ的想像力』フィルムアート社、1988年、P12

弱者は嘘のようなハッピー・エンディングをむかえます。[*9]

メロドラマとは、抑圧された人々の小さな声を拡大する装置だからこそ過剰である必要があり、それゆえに、リアリズムの物語が見落とすかもしれない弱者の人間の実存を掬い取ることができる。メロドラマに大きな影響を受けた映画監督トッド・ヘインズはメロドラマにこそ人間の本当のリアルがあると言う。

一九五〇年代のメロドラマの外観とスタイルは、決してリアリスティックでないけれども、そこには映画の感情的な真実についてのほとんど不思議なほど的確な何かがある。ハイパーリアルなんだ。[*10]

＊9　映画学と映画批評、その歴史的展望——加藤幹郎インタヴュー、（聞き手）大迫優一 http://www.cmn.hs.h.kyoto-u.ac.jp/CMN11/kato-interview.html（CineMagaziNet!、最終確認日2023年5月28日）

＊10　ジョン・マーサー＋マーティン・シングラー〔中村秀之＋河野真理江＝訳〕『メロドラマ映画を学ぶ　ジャンル・スタイル・感性』フィルムアート社、2013年、P160

人は囚われ、手紙は舞う

『劇場版 ヴァイオレット・エヴァーガーデン』が、いかにして抑圧された人々の感情を画面に表出させているかを見ていこう。

本作は、暁《あかつき》佳奈《かな》の小説を原作とした京都アニメーションによるテレビアニメ『ヴァイオレット・エヴァーガーデン』のその後を描く作品だ。戦場で戦うことしか知らなかった少女ヴァイオレットは、両腕を失い、終戦後は上司であるギルベルトの友人、ホッジンズが運営する郵便社で手紙の代筆業に就く。人間らしい感情をもたないヴァイオレットが、人々の手紙を代筆することで心のあり方を学んでゆく過程を美しいアニメーション映像で描いた作品で、本作では、戦死したと思われていたギルベルトの生存が確認され、ヴァイオレットとの再会が描かれる。

本作のファーストシーン。薄暗い室内から窓の外を見るデイジー・マグノリアの姿を、カメラが室内から捉える。窓の外には、室内と対照的に豊かな緑と晴れやかな青空が広がっている。広い外の世界に出ることができないでいるかのようなデイジー、そして両親との不和をほのめかす会話が続く。

祖母の古い手紙を見つけたデイジーは、ガラスに覆われたテラスでそれを読み上げる。

デイジーの祖母、アン・マグノリアの回想が手紙に合わせて挿入されていく。この回想シーンは全て室外の明るい場所で展開され、室内にいるデイジーと対照をなす。その手紙を突如吹く風がどこかで運んでいく。手紙の行方を追うデイジーが狭いガラスのフレームに閉じ込められているように映し出される。

1940年代から50年代にかけてハリウッドで活躍したメロドラマの巨匠ダグラス・サークは、画面上に窓や鏡などの「フレーム内フレーム」を作り、抑圧された女性を暗喩する手法を多用した。本作の冒頭も、ガラス窓を使って一人の女性が抑圧されている様を暗喩している。対照的なのは手紙だ。風に舞う手紙は小さく開いた窓の隙間から、抑圧をかわすかのように自由に飛び立つ。

この映画において、人は不自由だ。ヴァイオレットもギルベルトも、ギルベルトの兄ディートフリートも何かに囚われている。

主人公のヴァイオレットは、二つの想いに囚われている。一つは帰ることのないギルベルトへの想い。もう一つは、自動手記人形（オート・メモリー・ドール）として、人々の想いに応えねばならないという、職業人としての責務だ。彼女は、祭りの日にさえ夜遅くまで仕事をしている。ドールの仕事は、かつて戦争しか知らなかったヴァイオレットを、戦場の悪夢から解放したと言える。ドールの仕事で多くの人の心を救ったことを彼女は誇りに思っていることだろう、しかし、責務への没頭がある種の抑圧にもつながっていることも確かだ。

ヴァイオレットは、その抑圧を顔にも言葉にも出すことはない。放っておけばいつまでも仕事を止めなそうな彼女は、義手の調子が悪くなってはじめて作業の手を止める。一息の間をおいて帰らぬギルベルトへの想いを綴りだす彼女をカメラが窓外から捉える時、窓のフレームがまるで十字架のように彼女の顔を覆っている。まるで磔《はりつけ》にされているかのように。

メロドラマはなぜ泣けるのか

イギリスの映画研究者スティーヴ・ニールは1986年の論文「メロドラマと涙」で、メロドラマが泣ける謎をこう説明する。ニールは、「メロドラマの物語的論理の鍵は、リアリズムや自然主義ではなく、むしろ、観客と登場人物の間に知識と視点の不一致をつくり出そうとする」ことにあるという。[*11]

*11 『メロドラマ映画を学ぶ』、P171

観客がすでに知っていることを、登場人物が遅れて見出すことによってペーソスが生まれ、観客は涙する。その気づきが遅かったりタイミングが悪すぎた場合、物語は悲劇となり、ギリギリ間に合えばハッピーエンドとなる。

「遭遇が遅すぎるにせよ、なんとか間に合うにせよ、そこに遅延と、間に合わないかもしれないという可能性があれば、涙はこみ上げてくるのだ」[*12]（ニール）。

そして、登場人物が気づくまでの間、観客は物語に対していかなる介入もできない。その無力さから涙が生じるとニールは結論づけている。

これは、本作のTV版第10話の構成を考えるとわかりやすい。ヴァイオレットは、余命幾ばくも無い母親クラーラが娘に向けた五十年分の手紙を代筆する。これから50年間、娘のアンの元に誕生日に手紙が届くことをヴァイオレットは知っており、アンはそのことを知らない。ヴァイオレットは、アンのこれからを想い、物語の中で初めて他者を想い泣きじゃくる。この10話のヴァイオレットとアンの関係の構図には、ニールが説明するメロド

＊12 『メロドラマ映画を学ぶ』、P171

ラマが泣ける理由とする「観客と登場人物の知識と視点の不一致」がある。『劇場版 ヴァイオレット・エヴァーガーデン』の観客とヴァイオレットの関係も同じ構図である。本作において、登場人物と観客の知識の最大の不一致は、観客はヴァイオレットよりも先にギルベルトが生きていると知らされることである。観客はいつヴァイオレットがそのことに気づくのか、そして、それがどんなタイミングでやってくるのかに心を乱される。

なぜ二人の再会のタイミングが気になるのか。それは、本作のもう一つの大きなストーリーラインである、病魔に蝕《むしば》まれる少年ユリスの最後の手紙の仕事が残っているからだ。仕事と愛の相克とも言える、ある意味ベタな展開であるが、石立太一《いしだていち》監督と京都アニメーションの演出力と吉田玲子《よしだれいこ》の構成力は、とことん過剰に、饒舌に、最大級の劇的さでもってこの衝突を描いている。

ユリスの死の知らせが、遠く離れた島にいるヴァイオレットにもたらされた時、観客はすでに彼女が絶対に間に合わないことを知っている。ギルベルトのいる島からユリスの元に向かうまでには汽車と船を乗り継がねばならないうえ、外はひどい嵐である。

しかし、ここでその距離を、この作品において新しいテクノロジーであり、ドールの仕事を奪わんとする電話機が一気に詰めるという展開が待ち受けている。負のメロドラマ的運命のいたずらを覆すこの「いまいましい機械」の活躍をお膳立てするのは、その機械を一番いまいましく思っているヴァイオレットの同僚のドール、アイリスだった。タイミングということで言えば、電話機が普及し、ドールの仕事が脅かされているという「いまいましい」時期だからこそ、ユリスは親友に想いを伝えることができたと言える。ヴァイオレットは間に合わなかったけれど、電話機の普及は間に合ったのだ。

この一連のシークエンスは、観客が知っている情報と登場人物が知っている情報の整理、それに気づかせるタイミング、盛り上げる演出力も、時代設定も、見事なまでに練られており、脚本家・吉田玲子の類まれなる構成力と京都アニメーションの画面構成力が非常に高次元でマッチしていることを証明するシークエンスと言えるだろう。

涙は明日への希望なり

1950年代、メロドラマの巨匠ダグラス・サークはアメリカンドリームの中で抑圧される女性たちを描いた。メロドラマはミュートされた弱者の本音を代弁するための物語だと先に書いた。本作において抑圧された弱者はヴァイオレットのような女性だけではない。

強権的な兄の元で様々なことに耐えていたギルベルトも、ヴァイオレットを戦場で道具として扱うしか選択肢のなかった自分を呪って、自責の念という牢獄の中にいる。

ホッジンズがギルベルトを訪ねた時、彼の部屋はあまりにも暗い。その暗い部屋でギルベルトは決してホッジンズの方を向かない。ホッジンズが開けたドアから外の光が見えるが、部屋から出ることはない。部屋から出る瞬間は描かれず、いつの間にか消えて、次に登場する時はやはり自室の部屋の中である。この見せ方は、彼もまた何かに囚われていることを暗喩している。

本作のカメラは、終始安定的なフレームでオーソドックスな構図で作られている。そのカメラが唯一、トリッキーな構図を見せるのが、ホッジンズがギルベルトの声をドア越しに聞いた時だ。この時だけ、カメラは真横、それから斜めの構図を採用している。舞台も光も小道具も構成も饒舌だが、カメラもまた饒舌に登場人物たちの感情を物語る。

島に嵐が訪れ大雨が降ってくる。雨は映画において涙の代弁であることは一般的にもよく理解されているだろう。ヴァイオレットに会おうとしないギルベルトに対して「大ばかやろう!」と叫ぶホッジンズに合わせて、クローズアップで動くカメラの後、大雨の中、道でふさぎ込むヴァイオレットのカットがある。さめざめと大泣きする天気の中、水平線の向こうに雲の切れ目が見える。観客は、この時、この後の希望ある展開をかすかに期待することになる。

ギルベルトのいるエカルテ島の建物はくすんだ色で色彩に乏しい。そんな島で唯一鮮やかなのはぶどうだ。ギルベルトが作った、丘上にぶどうを運ぶリフトに乗って、豊かに実ったぶどうが運ばれていく。代わりに降りてくるのはヴァイオレットがドールとなって身に付けた、言葉の果実とも言うべき感謝の言葉をつづった手紙である。手紙を読んで走り出すギルベルトを日没の光が照らす。作中、最も激情あふれるシーンに、京都アニメーションは日没であるマジックアワーの時間を選んだ。一日で最も美しい映像の撮れる時間である。

ハリウッド黄金時代のメロドラマで泣き顔を要請されたのは、主に女性だった。しかし、本作で最後に涙を見せるのは男性であるギルベルトだ。ヴァイオレットに「愛してる」を伝えることができたギルベルトは「私も泣きたいんだ」と言う。男の涙は、男らしさからの解放である。軍人一家（典型的な男性性の象徴）の家を継がなくてはならない運命だったギルベルトがその運命から降りることができ、愛する人の前で涙を流すことができたのだ。

男は涙を見せるな、という古い価値観がある。かつてのフィルムスタディーズには、メロドラマを女性映画と括る考えもあった。しかし、メロドラマと女性映画を同一視することは、リアリズムと男性性を同一視した結果としての「遡及《そきゅうてき》的な分類」ではないかと映画研究者のクリスティン・グレッドヒルは指摘する。そして、メロドラマが感情を扱うジャンルだということは、「感情という領域がいかに歴史的に女性に割り当てられてきたか」ということであり、逆にリアリズムが男性性を前提とすることは、「男性の自制心、すなわち公共の場で男性が泣くことへの文化的な禁忌」を作っているのではないかとグレッドヒルは言う。[*13]

黄金時代のハリウッドの男性主人公は確かにヒロインに比べて涙を見せる機会は少なかった。いまでもハリウッドの男性主人公はあまり泣かないだろう。今は、女性もスーパーヒーローとして活躍する時代であるので、もしかしたら、女性主人公も泣く機会は減っているかもしれない。社会を見渡してみても、今は理不尽な運命に泣くよりも、怒りを持ってその理不尽を打ち砕くことが奨励《しょうれい》される時代かもしれない。

泣くことはもはや時代遅れなのだろうか。電話が普及して手紙が時代遅れになったよ

*13 『メロドラマ映画を学ぶ』、P182

うに。

しかし、私たちは、急いで古いものを捨てる必要はないはずだ。デイジーの祖母が古い手紙を大事にしていたように。メロドラマは「廃れてしまったものさえも受け入れることができる」ものだ。[*14] 古いものを大事にする自由もある、メロドラマはそういう自由に対して寛容なジャンルだと筆者は思う。

泣きたいと本音をついに語ることのできたギルベルトと、あふれすぎた想いで言葉を失うヴァイオレットを淡い月の光がやさしく照らす。涙を浮かべる二人は、泣くことでようやく囚われていたものから自由になったのだ。

メロドラマを観て観客が涙するのは、登場人物に対して何もできない観客の無力感ゆえというニールの意見を先に紹介したが、映画研究者リンダ・ウィリアムズがこれに反論したことをジョン・マーサーとマーティン・シングラーが紹介している。

ウィリアムズが主張したのは、メロドラマにおいては、涙が未来の力の源泉であるかもしれないということだった。というのも、その涙は欲望が満たされるという希望を

*14 『メロドラマ映画を学ぶ』、P181

承認するからである。涙はほとんど未来への投資であり、過ぎ去ったものや元に戻らないものに対する単なる思慕ではない。[*15]〔後略〕

ダグラス・サークからメロドラマ的感性を受け継いだ、1960年代中盤から80年代前半にかけて活躍した西ドイツの名監督ライナー・ヴェルナー・ファスビンダーはインタビューで「ぼくの考えでは、映画が美しく、わざとらしく、演出されきって、仕上げられていればいるほど、映画は自由で解放されるんです」と語る。[*16]

その意味で、『ヴァイオレット・エヴァーガーデン』ほど自由な映画はあるまい。過剰なほどに美しい激情を描いた本作が流させる涙は「自由な明日を生きる希望」である。

＊15 『メロドラマ映画を学ぶ』、P193

＊16 ヴィルフリート・ヴィーガント〔明石政紀＝訳〕「ファスビンダー・インタヴュー、発言、座談会」、渋谷哲也＋平沢剛＝編『ファスビンダー（エートル叢書）』現代思潮新社、2005年、P9

アニメーションに即興は可能か『Away』

映画には脚本があり、絵コンテがあり、それらに沿って決められた芝居の段取りがある。映画というプロダクトは、そのように事前に計画した設計図に基づいて組み立てられていく。しかし、あらかじめ決められていない台詞や動きを取り入れる場合がある。それを即興と呼ぶが、それによる芝居は観客に独特の印象をもたらす。予定調和から逸脱した瞬間、役者から新鮮なリアクションが発せられることがある。役になり切った役者から自発的に生まれた行動には、深い真実が宿っていると感じられる。即興はそうした深い真実やリアルを追求する作家に重宝されてきた。

世界は偶発的なものに満ちている。そんな世界をリアルに描こうとすれば、映画も偶然に対して開かれていなくてはならない。カメラの前でも偶然を起こすことで、映画は世界の一部を切り取ったとの説得力を帯びる。

こういうことができるのも、映画が生身の人間を相手にカメラで撮影できるからだろう。一方でアニメーションの世界は、そういう偶然の入り込む余地は少ないように思われる。1

コマごとに絵を描き、あるいは人形のポーズを作ることで組み立てられるアニメーションはむしろ、突発的な即興を入れてしまうと色々なことをやり直さねばならなくなるし、映像をゼロから生み出すものであるアニメーションは全てが作り手の意図のもと統制される。

では、即興のような「創造的アクシデント」を画面に宿すことは、実写映画にしかない特権だろうか。

実写映画において即興とは何なのか

映画とは、現実を動きと時間において、そのまま切り取るカメラの存在によって成り立っている。それゆえに、映画の基本はリアリズムであると1950年代に活躍した批評家のアンドレ・バザンは定義する。彼は映画がサイレントからトーキーへ移行することを擁《よう》護《ご》し、戦後イタリアの荒廃した街をそのままロケ地として用いたイタリアン・ネオリアリズムに映画の美学を見出した。彼を精神的支柱とするヌーヴェル・ヴァーグも本物の場所でのロケ撮影と即興芝居を重視した。

即興とは映画に何をもたらすものだろうか。北海道大学大学院の堅田諒は、アメリカの映画研究者J・J・マーフィー（2019年）の言葉を引き次のように説明する。

マーフィーは、映画制作において脚本ではなく即興を採用することについてこう述べている。「あらかじめ計画されたことから離れ、即興へと向かうことによって、人間［＝俳優］の身体により重点が置かれるのである」（Murphy, 2019, p.12）。すなわち、即興を制作プロセスにおいて採用することは、俳優たちを撮影以前に用意される脚本への従属から解放することを意味するとともに、映画制作において俳優の身体がより重要性を担うことを意味するのだ。別の言い方をすれば、俳優の身体、つまり表情や身振り、発声といった演技に直結する物質的な要素の映画制作における貢献の度合い・比重が高まるということである。[*17]

「演技に直結する物質的な要素」、つまりカメラの前にある役者の身体そのものが一層重要な要素になるのが即興だということだ。それは、ますます実写映画の特権的な方法論のように思える。

*17 堅田諒「方法としての即興」、『映像学』第１０７号（２０２２年）
https://www.jstage.jst.go.jp/article/eizogaku/107/0/107_010708/_pdf（日本映像学会、最終確認日２０２３年5月28日）

映画史には、即興を巧みに用いる作家は数多くいる。現在の日本映画界で即興を巧みに導入する映画監督で最も有名なのは、是枝裕和《これえだひろかず》だろう。テレビドキュメンタリー出身の是枝監督は、脚本を書かずに即興芝居のみで長編映画を作っていた時期がある。なぜそのような手法を試そうと考えたのか、是枝監督は自著『映画を撮りながら考えたこと』で以下のように語っている。長編映画二作目の『ワンダフルライフ』（1998年）撮影中の出来事だそうだ。

映画では思い出を語る一般の人として、尋々羅君子さんという七十七歳のおばあちゃんに出演していただきました。〔中略〕尋々羅さんはハンカチを子ども時代の自分を演じる女の子に渡し、椅子へと戻るのですが、その脇には寺島進さん、ARATAくん（現・井浦新）、小田エリカさんが並んで座っていて、彼ら全員で演技をしている女の子をやさしく見守りながら、赤い靴を一緒に口ずさみはじめたのです。それは僕の指示ではなく、自然発生的なものでした。その様子を見た僕は、正直感動した。*18

*18 是枝裕和『映画を撮りながら考えたこと』ミシマ社、2016年、P126

是枝監督は、この体験をもとに、「役者から自発的に、内発的に生成される感情を使いながら一本映画が撮れたらおもしろいかもしれない」と考え、三作目の長編映画『DISTANCE』（2001年）を脚本なしで撮影した。[*19] その後も是枝監督は、主演の柳楽《やぎら》優弥《ゆうや》がカンヌ国際映画祭最優秀男優賞を最年少で受賞した『誰も知らない』（2004年）でも、役者たちに台本を渡さず、各人に台詞のみを伝える「口伝え」という手法で制作している。柳楽優弥は、現在ではクレバーな役者として様々なタイプの役をこなすが、当時カンヌを感動させた真実の感情が込められた芝居を引き出したのは、是枝監督の「内発的な感情」を引き出すその手法にあったといえるだろう。

近年の是枝作品は、『DISTANCE』や『誰も知らない』の頃と比べると脚本芝居の比重が多くなっているが、子役に対しては口伝えを実践している。『海街 diary』（2015年）の広瀬すずや『万引き家族』（2018年）の子役たちにも、脚本を渡さず口伝えによって芝居を引き出している。

*19 『映画を撮りながら考えたこと』、P127

アメリカのインデペンデント映画の父と言われる巨匠ジョン・カサヴェテスも即興で映画を作り、映画史に名を刻んだ一人だ。カサヴェテスは、即興を「創造的アクシデント」と呼んだ。ほとんど全てを段取りどおりに進行させるハリウッド映画の対極のやり方を実践し、1959年、全編即興で撮影された『アメリカの影』を発表した。その映画は、ハリウッド映画に反旗を翻したような作風だった。

16ミリフィルムで撮影された荒々しい画面、脚本のない即興芝居、音声もノイズまじり、オールロケーション。役者が事前にどう動くか決まっていないため、カメラワークも整っていない。しかし、それが逆にハリウッドの撮影システムに縛られていた役者を解放し、人間の実像に迫っていると評価された。カサヴェテス監督は当時の撮影をこう振り返っている。

『アメリカの影』は最初から最後まで創造的アクシデントの連続だった。ぼくらは自分たちのやっていることに興奮していた。そもそもぼくらには何もなかったから、創造し、即興しなきゃならなかったんだ。[*20]

*20 レイ・カーニー=編〔遠山純生+都筑はじめ=訳〕『ジョン・カサヴェテスは語る』ビターズ・エンド&幻冬舎、2000年、p42

カサヴェテス監督の証言で面白いのは、デビュー作『アメリカの影』が評価されたポイントだ。レイ・カーニー編『ジョン・カサヴェテスは語る』の中で彼はこう証言している。

ぼくらが誉められた点っていうのは、直そうとしてたところなんだ。ひどい音響とか……ドリー〔上にキャメラを乗せる移動車〕上の長焦点レンズ〔望遠レンズ〕とか、往来をはさんでの撮影とかいったもの――こういったものはみんな、天才的なひらめきじゃなくて、偶然から生じたものだった。〔中略〕イングランドで公開したときに、こう言われたよ。「我々がこれまで耳にした中で最も真に迫った音だ」。[*21]

『アメリカの影』の制作クルーは経験豊富なプロではなかった。撮影中、技術的なトラブルは日常茶飯事であり、ある意味、狙い通りに映像を作ることができなかったわけだが、そのアクシデント的な要素が逆に高く評価されたのだ。カサヴェテスのデビュー作は、役者も撮影クルーも即興的で、その全てが段取り通りにスタジオで撮影していたら得られない、「創造的なアクシデント」に満ち溢れていた。

*21 『ジョン・カサヴェテスは語る』、P45

アニメで創造的アクシデントを求める困難さ

即興とはカメラに現前する役者の物質的要素を重要視するスタイルであるということは、そうした生身の身体を持たない場合が多いアニメーションには不可能なことなのだろうか。現実問題として、アニメーションに即興の要素を持ち込むことは極めて困難である。

アニメーション制作は多人数が行うことが一般的であるため、スタッフ全員の共通理解のために設計図を用意することが求められる。実写映画の場合、役者の芝居は最低限、役者とカメラがあれば撮影可能だが、一体のキャラクターの芝居を作るだけでも多人数を必要とするアニメーション作りの場合、そこに関わるスタッフが設計図の再現を目指して作らねば統一的な作品とはならない。設計図となる絵コンテの存在は、アニメーション作りにおいて絶対の指針となる。

『攻殻機動隊 STAND ALONE COMPLEX』(2002年)などで知られる神山健治《かみやまけんじ》監督は、「アニメの場合『画コンテ』の段階でほぼ完成映像と同様の演出プランを提示しておかなければならない」と語る。[22] 絵コンテが完成映像とほぼ同様の演出プランを提示しているのなら、実作業で即興でシーンを変更する余地はほぼない。

---

*22 神山健治『映画は撮ったことがないディレクターズ・カット版』講談社、2017年、P37

実写映画の場合、台本や撮影前の絵コンテと完成映像が異なることは珍しくない。そもそも、絵コンテを描かないで現場に臨む監督も多いし、描いたとしてもある程度のカメラアングルを決めるだけのものもある。監督によっても異なるが、現場で一度通しのリハーサルを行いその場でカット割りを考える場合など、様々なパターンがある。

神山監督は、アニメ制作の現場に「創造的アクシデント」を持ち込む方法として、モーションキャプチャを導入した作品作りにトライしている。荒牧伸志《あらまきしんじ》監督と組んで制作した『ULTRAMAN』（2019年）や『攻殻機動隊 SAC_2045』（2020年）ではモーションアクターによる芝居作りの段階で即興を含めた様々な動きを試し、それをCGアニメーション作りに活かしている。

アニメ制作において、「創造的アクシデント」の導入に挑む作家はほかにもいる。『エヴァンゲリオン』シリーズの庵野《あんの》秀明《ひであき》監督は、よく「頭の中のイメージだけで映画を作りたくない」という主旨の発言をし、自分で絵コンテを描かない。『シン・エヴァンゲリオン劇場版𝄇』（2021年）では、モーションアクターを起用し、そのモーションデータをもとに試行錯誤を繰り返すことで絵コンテ作成前に創造的アクシデントを持ち込もうとしている。

また、インデペンデントシーンで活躍するアニメーション作家、久野《くの》遥子《ようこ》は実写映像をトレースする「ロトスコープ」という手法を得意とするが、この手法にも一般的なアニメーション作りとは異なる意外性が発揮できるという。

映画には偶然による奇跡ってあると思うんです。商業アニメの作り方だとそれが起きにくいとは思いますね。でも、ロトスコープはアニメーションでアクシデントを起こすために有効だと思います。『Spread』（引用者注：久野氏が作ったMV）で赤ちゃんを撮ったのはそのためです。赤ちゃんは段取り通りに動きませんから。[*23]

これらアニメーション作家による、アニメーション作品に創造的アクシデントをもたらす方法は、概ね生身の人間の身体に依っている。アニメ制作に入る前に人間を起用して、その物質的要素を導入するという方向性である。

J・J・マーフィーは、即興を三つの区分に分けられると主張している。「(1) リハー

*23 拙稿「岩井澤健治×久野遥子が語り合う、『音楽』に詰まったロトスコープアニメの可能性 https://realsound.jp/movie/2020/12/post-673439.html（リアルサウンド映画部、最終発行日2023年5月28日）

サルにおける即興、（2）計画された即興、（3）自発的な即興」だ。[*24]
（1）は文字通り、リハーサルの時点で即興を許可してそこでのアイディアを本番の撮影に生かすやり方だ。（2）の計画された即興とは、メモや事前にある程度の取り決めをしておき本番で行う即興を指し、（3）はそうした事前準備を全く行わずに本番で即興するものを指す。

神山、庵野、久野らの方法論をあえてこの三つの方法論に当てはめるとすると、（1）のリハーサルにおける即興に近いと筆者は思う。モーションアクターにせよ、ロトスコープの実写撮影にせよ、それらはアニメーション制作「本番前」のデータ収録だ。アニメーションに実写撮影のような本番の概念は厳密には存在しないだろうが、実際の絵を描いていく作業を敢えて本番と解釈するなら、これらのアニメーション作家はリハーサルで即興を試しているのと言えるのではないか。

『Away』は脚本のない即興アニメーション？

では、アニメーションに（2）や（3）に相当する即興要素を取り入れることは可能だろ

---

*24 「方法としての即興」https://www.jstage.jst.go.jp/article/eizogaku/107/0/107_010708/_pdf

うか。それに挑んだのがラトビアの若きアニメーション作家、ギンツ・ジルバロディス監督による『Away』（2019年）という作品だ。

この作品は、ジルバロディス監督が一人で作り上げた3DCGアニメーション映画である。飛行機事故でたった一人生き残った少年が、黒い巨人から逃れるように森へと入ると地図を見つける。少年は偶然出会った小鳥とともにその地図が示す先へとオートバイで駆け抜けていく。独創的な作品に贈られるアヌシー国際アニメーション映画祭のコントラシャン部門のグランプリに輝いた本作は、アニメーション作品にもかかわらず脚本も絵コンテも存在しない。集団を率いず全てを監督個人の力で制作し、それゆえに不可能と思われていた即興でアニメーションを作ることを可能にした。

筆者はジルバロディス監督にインタビューする機会を得たので、この手法によって何を実現したかったのか、彼の証言をもとに考えてみよう。

　　脚本も絵コンテも作らずに制作を進めたのは、ドキュメンタリー的に作品を作りたかったからです。通常、多くのスタッフを集めてアニメーションを作る時、意思統一のためにどうしても脚本や絵コンテが必要になります。本来なら、アニメーションほど緻密にプランニングしなければならないものはないでしょうが、今回、私はそういうやり方では到達できない作品を作ってみたかったんです。普通なら思いつかないユニークなアイデアやストーリーテリング、直感的なカメラワークを実践してみたかったんです。

脚本も書いていないため、物語も作りながら考えていったという、本作は四つの章からなっているが、章分けすることも制作しながら思いついたアイディアだそうだ。

全体的な物語の骨組みだけは考えてありましたが、途中から四つのチャプターに分けようと思いました。最初のチャプターを作っているときには、まだ三チャプター目の構想は固まっていませんでしたね。最初の構想にとらわれず自由に発想して物語を展開させていくことを大事にしました。例えば、映画に小鳥が登場しますが、あの小鳥は最初の構想では出番は少なかったんですけど、最終的には主人公の次に重要なキャラクターになりました。それから、主人公の少年が黒猫に出会ったり、飛行機の残骸を見つけるといった展開は最初は全く考えていなかったんです。

本作はMayaという3DCG作成ソフトを用いて制作されている。本作のカメラワークは手持ちカメラのようにブレが多く、それがこの世界を直に撮影しているという雰囲気を高めている。そして、カメラの動きは統一的でなく、キャラクターが移動するのを確認してからついていくような不揃いであることが多い。このカメラワークについて、ジルバロディス監督はこう語っている。

コンピュータは正確に制御できるものですが、私は逆に不完全性をもたらしたいと考えていました。カメラがキャラクターの動きを追いきれていないような、まるで人間がカメラを持ってそこにいるような感じを出したかったんです。もう一つこだわったのは、長回しです。ひとつのショットが短く、編集されたものよりも長回しのほうが「記録」されたものという感じが強くなって、没入感が出るだろうと思ったんです。実際にカメラの動きも事前に計算せずに直感で動かしています。

ジルバロディス監督が挙げた「不完全性」というキーワードは重要だ。それは作品の完成度が低いという意味では決してない。それは、例えばハリウッド黄金時代のスタジオ映画のような、全てが計算しつくされた作品に対して、荒い粒子の映像にノイズ混じりの現場音声、段取りを排した即興芝居で人間の生の感情に迫ろうとしたジョン・カサヴェテスの映画にあったような「創造的アクシデント」にもつながるものだ。

カサヴェテス監督の『アメリカの影』は、技術的には明らかに撮影も音響も、ハリウッドのスタジオ映画と比べて完成度が高いとは言い難い。だが、前述した通り『アメリカの影』で評価されたポイントはまさにそこだった。それはカサヴェテス自身も予想していなかったことだ（なにしろ、彼は直そうとしていたのだから）。まさに作り手の意図を超えた偶然性が映画を傑作にしたわけだ。『Away』においてジルバロディス監督は、そうした「創造的なアクシデント」をアニメーションにもたらそうとしたのだ。

本作の3DCGは、ディズニーやピクサー作品に比べれば、技術的には粗い。だが、CGは精密になればなるほど物理演算量が増え、レンダリングに時間がかかる。本作はあえてローポリゴンの荒いCGにすることによって、個人製作でもリアルタイムレンダリングを可能にし、直観的に即興のように作り上げることによって「創造的なアクシデント」を持ち込んだ。まさに、高い技術を擁するハリウッドに、荒い画面で対抗したカサヴェテス監督とその姿勢において、共有するものがあると言えるのではないだろうか。

『Away』を観ると、実に不思議な気分になる。キャラクターがどこに動くか、どう動くか予測することが難しく、次の展開に何が待ち受けているのか全くわからない。テンプレーションに陥る瞬間がなく、脚本のない即興劇を見ている感覚に近い。あるいは、オープンワールド・ゲームのプレイ動画を観ているような気分だ。編集点も一般的なアニメとは異なり、主人公の少年が歩き出し、その途中でぶつ切りにするように次のシーンへとつなぐなど、そのラフなカッティングも含めて「無軌道さ」が荒々しい魅力を生んでいる。

生身の身体という物質性があるがゆえに可能と思われていた即興の醍醐味が、そうした身体性を持たないコンピューターアニメーションにも可能だと示したという点で、『Away』は非常に先進性がある作品と言える。

従来のアニメーションは、美しく計算された職人芸の世界だった。その職人芸を堪能する喜びが失われることはないが、アニメーションが即興という新たな武器を得た時、従来の職人的な美しさや完成度とは異なる価値観の作品も生まれ得ることを、ジルバロディス監督は示した。かつて、既存のスタジオ映画に対してヌーヴェル・ヴァーグやカサヴェテスが新たな価値観を示したように、個人の力で作ったアニメーションが新たな価値観を示すことはあり得る。アニメーションとは緻密な計算の上に成り立つものという先入観から脱した先には、別の可能性が待ち受けているはずだ。『Away』という作品はその先鞭《せんべん》をつけた作品として記憶されることになるだろう。

アニメは震災という現実を記録できるか？『すずめの戸締まり』

新海誠《しんかいまこと》監督の2022年の映画『すずめの戸締まり』は、死者の声を聴く映画だった。

この「死者の声を聴く」というフレーズで、ある文章を思い出した。『ドライブ・マイ・カー』（2021年）の濱口竜介《はまぐちりゅうすけ》監督は「『死者の声』を聴くために」（2012年）と題された文章で、2011年の東日本大震災の後、東北でドキュメンタリー映画製作を行っていた体験を綴っている。「『死者』の声を正しく聞くことができたら」とその時、彼は考えたという。[*25]

東日本大震災を題材にした『すずめの戸締まり』は、死者の国がすぐ近くにあることを強く匂わせる作品だった。その態度はどこか、ドキュメンタリー映画を撮影しながら死者の声を聴く方法を模索していた濱口の態度に近いように筆者には感じられた。震災以後、数多くのドキュメンタリー作品が作られたが、カメラでは撮影しようのない存在（＝死者）

*25　濱口竜介「『死者の声』を聴くために」、岩波書店編集部＝編『3・11を心に刻んで』岩波書店、2012年、P146

といかに向き合うかに多くの作家が苦心した。[*26] それに対して、アニメーション作家の新海誠はどんなアプローチをしたのか。アニメとドキュメンタリーという一見遠い存在であるそれらに共通点は見出せるだろうか。カメラで撮影できない対象を通して、実写とアニメーションの分断は克服されうるのか、そして、その先にある当事者と非当事者の分断の壁を超えるヒントはないか、本論ではそれを探ることにする。

濱口竜介と酒井耕が直面したカメラで写せない「被災の中心」

2011年の東日本大震災に対して、いち早く反応した創作ジャンルの一つは映像だ。文芸評論家の藤田《ふじた》直哉《なおや》は、「震災ドキュメンタリーの猥雑さ」という原稿で、その理由を「そこにあるものを撮影するだけで『作品』として成立してしまう『強度』がそこにはあった」からだと述べる。[*27]

*26 本論には二組の作家しか紹介できていないが、是恒さくら＋高倉浩樹編『災害ドキュメンタリー映画の扉　東日本大震災の記憶と記録の共有をめぐって』（新泉社、2021年）は数多くの震災ドキュメンタリーの作り手を紹介している。ほとんどの作家はやはり死者とどう向き合うかを考え作品制作に臨んでいることが窺い知れる。

*27 藤田直哉「震災ドキュメンタリーの猥雑さについて」、寺岡裕治＝編『21世紀を生きのびるためのドキュメンタリー映画カタログ』キネマ旬報社、2016年、P87

私たちはあの時、ニュースで、SNSで、繰り返し衝撃的な映像を目の当たりにした。大自然による圧倒的な破壊は、どんな創作でも太刀打ちできないような凄まじさがあった。しかし、そういう強度ある映像を撮影するだけで、本当に震災がもたらした本質にたどり着けるのかと疑問を感じた作家もいた。濱口竜介は震災後、酒井耕と共同で東北地方にてドキュメンタリー映画を制作していた。「東北記録映画三部作」（2013年）と名づけられた一連の作品群は、津波が街を襲う様子や瓦礫の山々といった強度ある映像は一切なく、もっぱら人々が震災体験を語る様子を記録している。

濱口は、撮影の過程で「被災の中心」にどこまで行っても出会うことがなかったと言う。

濱口　仙台は被災地だと思っていたけれど、話を聞いてみると、「私たちなんて全然被災者ではありませんよ、沿岸部に比べれば」と言う。そこで沿岸部に行ってみると、「いやいや僕は家を失くしただけですから、もっとひどいのは親しい人を亡くされた方ですよ」となる。で、そういう方に話を聞くと、「本当に苦しいのは私ではなく、波にのまれたあの人です」となって、もうそこでどこにも行くことができなくなってしまった。

〔中略〕

濱口　どうしても聞けない部分、それが被災の中心にある「死者の声」だったんです。

被災の中心が死者だとすれば、カメラで撮影することは不可能だ。彼らはそこで人々の語りと対話を記録する選択をしたのだが、その記録スタイルはとてもユニークだ。濱口は以下のように説明する。

濱口　二人の椅子の位置を左右にずらします。そして一人一人の正面にカメラを据えます。二人は、耳だけ相手の話を聞きながら、カメラに向かって話すことになります。その二人をあたかも向かい合って話しているように編集でつなげるんです。*28

なぜ、このようなスタイルで撮影したのか、監督の二人はこの作品を「フィクション化」したかったと語っている。

*28　濱口竜介×酒井耕＝対談「他者の声、明日の映画」、せんだいメディアテーク＝企画／発行『ミルフイユ』04、赤々舎、2012年4月、P102〜103

濱口　この方法には複数のいいことがあると思っています。僕らにとって初めてのドキュメンタリーの撮影体験だったんですが、この撮り方をすれば「これはフィクションである」という刻印がされるだろうと。そう示したうえで、「それでもなおこの映画に信じ得るものがあるだろうか？」という問いとして映像を提示したかったんです。*29

この「フィクション化」という作業は、三部作の最終作『うたうひと』においては、震災体験でなく、東北地方に伝わる民話の語りを記録するという方向へと向かう。東北の現実を目の当たりにしながら、濱口と酒井はなぜフィクションに向かったのか。それは、彼らが元々劇映画作家だったという資質の問題よりも、カメラでは写せないものと向き合う必要があったからだ。その一つが上述した被災の中心である「死者」だ。そして、もう一つはこの世界とは違う「もう一つの世界」だ。二人は、東北記録映画三部作の制作過程を

*29　聞き手：芹沢高志「東北記録映画三部作『なみのおと』『なみのこえ』『うたうひと』いとうせいこう×酒井耕×濱口竜介」、『21世紀を生きのびるためのドキュメンタリー映画カタログ』キネマ旬報社、2016年、P77～78

語るYouTubeチャンネル「製作なみのおと」で、「民話とはもう一つの世界があることを示す」ものであり、語り手が別の世界があることを当たり前の前提として語っていることに気づいたと述べている。そして、それは「撮影だけでは映せないもの」だと感じたという。[*30]
濱口はフィクションとは「生と死を混乱させる装置」かもしれないと語る。[*31] その混乱によって生と死の境界線を乗り越え、決してカメラでは映せない「被災の中心」に迫る。これが「フィクション化」の狙いだ。

小森はるかと瀬尾夏美の新しい民話作りの記録

濱口と酒井の他にも優れたアプローチで東北を記録する作家がいる。

映像作家の小森《こもり》はるかと画家・作家の瀬尾《せお》夏美《なつみ》の二人は、震災後ボランティアとして東北を訪れ、その後現地に移住し創作活動を続けてきた。現地の人たちに寄り添い復興の過

＊30 「かたログ（13）「編集が始まり感じたこと」YouTube　https://www.youtube.com/watch?v=3Mv7B14nI-Y（「製作なみのおと」YouTubeチャンネル、最終確認日2023年5月28日）

＊31 「東北記録映画三部作「なみのおと」「なみのこえ」「うたうひと」いとうせいこう×酒井耕×濱口竜介」、『21世紀を生きのびるためのドキュメンタリー映画カタログ』P82

程を目の当たりしてきた彼女たちの作品は、示唆に富むものばかりだ。

近年、二人は記録するだけでなく、より踏み込んだ形式で震災の記憶を継承させる実践の場を作ろうと試みている。2019年に公開された『二重のまち／交代地のうたを編む』はその実践を記録した作品だ。この映画は、瀬尾が作った物語『二重のまち』の朗読劇を陸前高田の人々の前で披露する四人の若者の姿を捉えた作品である。『二重のまち』はこんなあらすじだ。

陸前高田市は、津波対策のために町のかさ上げ工事を実行した。かさ上げによって新しくできた「あたらしいまち」と、津波によって壊され土の下にある「かつてのまち」があり、かつてのまちには亡くなった人々が暮らしている。舞台は2031年、一人の少年がある日、かつてのまちへと続く扉をくぐり、死者の世界を体験する。

小森と瀬尾は、2014年の映画『波のした、土のうえ』でかさ上げ工事を目の当たりにした人々の喪失感を描き、それを「第二の喪失」と呼んだ。そして、新たにできた新しい街を愛せる時が来るだろうかと問い、未来を舞台にした物語を創造した。集められた四人の若者は、全国から募られた。映画は、彼ら・彼女らが陸前高田の人々と接し、どのように朗読劇を作ればいいのか、自分にそんなことを語れる資格はあるのかと葛藤する様子が映し出されていく。
この作品の製作意図を二人は次のように語る。

「当事者性が低い」と感じている人たちが何かをつかもうとする、わかろうとする過程自体、そういう身体自体が、経験を継承する媒介になっていくと感じていました。［中略］その当事者が自然に語らなくなってきたときに、別の身体がそこに入っていって、体験の語り継ぎ、「継承」のトライアルを始めてみたいと思いました。*32

ここで注目すべきは、継承の実践として未来を舞台にした朗読劇の作成という手法を採用した点だ。なぜ、実際の体験談ではなくフィクションにしたのだろうか。やはり、二人もカメラで映せないものの存在に気づいていることに理由の一端があると思われる。

*32 小森はるか＋瀬尾夏美「語らずにおれない体験をみんなで持ち合うために」、『美術手帖』美術出版社、２０２１年4月号、Ｐ81

小森　フィクションや妄想の大事さ、共感します。私はドキュメンタリーですが、映っている人が匿名であってもいいし、別などこかの誰かに見えてもいい、というくらいの抽象度でドキュメンタリーを成立させたい。〔中略〕カメラで写しても映らないものがいっぱいあるじゃないですか。「見えないけどそこにあるよ」を映像で表現するときに頼りにするのはフィクション、語りかもしれないです。[*33]

カメラで映せないものに対して、フィクションによってそれを乗り越えるという発想は濱口・酒井と同じ発想だ。しかし、小森と瀬尾は過去の民話に向かわず、自分たちで新しい民話を作る選択をした。それが『二重のまち』の物語なのだ。小森と瀬尾は、『うたうひと』にも登場する小野和子《おのかずこ》が主宰する「みやぎ民話の会」とも知り合いで、震災の災厄からも新しい物語が生まれてほしいという言葉を聞いていたそうだが、そのことで新しい民話を作ろうと考えたのかもしれない。[*34]

＊33　「ナラティブの記録と飛躍　小森はるか×佐々瞬×伊達伸明」、せんだいメディアテーク＝編『ナラティブの修復』左右社、2022年、P47

＊34　瀬尾夏美『あわいゆくころ　陸前高田、震災後を生きる』、晶文社、2019年、P342

濱口竜介と酒井耕、小森はるかと瀬尾夏美。東日本大震災をめぐる優れたドキュメンタリーを複数製作したこの二組は、どちらも一様にカメラで映せないものに向き合い、フィクションの力を借りることで乗り越えようとした。濱口たちはフィクションに「生と死の混乱」を見出し、死者と生者の分断を乗り越えようと試み、小森たちは新しい民話の制作過程を通じて、当事者と非当事者の分断を乗り越えようとしている。

アニメーション・ドキュメンタリーが捉える「現実」

近年、アニメーション・ドキュメンタリーというジャンルが盛んになってきている。アニメーション・ドキュメンタリーとは、文字通りアニメーションを用いて制作されるドキュメンタリー作品を指す。プライバシーの保護のためにインタビュー映像をアニメーションに加工したものや、過去の記憶などの主観的イメージ、あるいはカメラが存在しなかった出来事の目撃談などをアニメーション化したものなどを指す。アニメーション・ドキュメンタリーの特性は、カメラでは映せない現実に迫る点にある。

アニメーションがドキュメンタリーとなり得る可能性を論じるためには、まずドキュメンタリーを論じる必要がある。ドキュメンタリーへのよくある誤解のひとつに「ドキュメンタリーは客観的な事実である」というものがある。だが、ドキュメンタリーは、その誕生の時点で客観的ではなかった。この言葉を最初に使ったのは、イギリス出身の映画監督で、カナダ国立映画局責任者などを歴任したジョン・グリアソンだ。彼はドキュメンタリーを「現実の創造的処理」と定義した。[*35] グリアソンは、ドキュメンタリーの父ロバート・フラハティの『モアナ』（1926年）を評する時にこの言葉を用いたが、フラハティの作品には多くの演出があったことはよく知られている。

カメラによる撮影自体、撮影者の主観が混じるものであり、客観性や真実性を必ずしも担保するわけではない。むしろ、実写映像のドキュメンタリーはカメラの制約のため現実を狭めている可能性もあるとアニメーション研究者の土居伸彰《どいのぶあき》は指摘する。

ドキュメンタリーは実写映像のみを用いている限り、光学的に記録しうる範囲に限られた、狭い現実しか扱えないのではないか？　一方、アニメーションは、その拘束を超えることができ、それによって、これまで現実だと思われていなかったものを現実

*35 長尾真紀子「アニメーションにおけるドキュメンテーションの可能性　アニメーテッド・ドキュメンタリー研究史を概観して」、『女子美術大学研究紀要』女子美術大学、2017年、P30

だと認識させることができるのではないか？[*36]

アニメーション・ドキュメンタリーの可能性を教えてくれる好例は、アリ・フォルマン監督の『戦場でワルツを』（2008年）だ。この映画は、監督のフォルマン自身がかつての戦友や心理学者を訪ね、戦場での失われた記憶を探る作品だ。関係者を訪ね歩いて撮影した映像をアニメーションに変換し、さらに、断片的に思い出されていく戦場の光景もアニメーションで描いていく。

本作がアニメーション技術を必要としたのは、主に二つの理由だ。一つはインタビューに応じた者たちのプライバシー保護のため。過酷な戦場での加害の話も交じるため、話し手が明らかになると、当人に不利益が生じる可能性があるためだ。もう一つの理由は、過去の記憶という撮影できないものを表現するためだ。フォルマン監督が戦場で体験した過去の出来事はカメラで撮れないが、彼が現実に体験したものであり、観客とその主観的現実を共有するためにアニメーションが必要だったのだ。

＊36　土居伸彰『個人的なハーモニー　ノルシュテインと現代アニメーション論』フィルムアート社、2016年、P210

アニメーション・ドキュメンタリーのもう一つの好例は、2021年のデンマーク映画『FLEE フリー』だ。本作はアフガニスタンから難民としてヨーロッパにやってきた青年アミンの現在と過去を描く作品だ。本作もプライバシー保護のためにアニメーション加工が用いられている。そして、難民として経験した過酷な旅の記憶を映像化するツールとしてもアニメーションが用いられる。

重要なのは、主人公が幼少期を過ごした、タリバン台頭前の自由な気風のアフガン社会をアニメーションで描いている点だ。アフガンといえば狂信的な連中が自由を蹂躙する国家というイメージが定着してしまった現代においては、これは貴重な「記録」として機能している。

筆者は、本作のヨナス・ポヘール・ラスムセン監督にインタビューしたことがある。その時、ラスムセン監督は、本作制作時の幻のプランの話をしてくれた。

実は、映画の製作過程で故郷を探すために一度アフガニスタンに戻ってみないか、という話を持ちかけました。しかし、彼(アミン)は断りました。理由は、自分の育った故郷はもうない、今はもう違う国となってしまったので、自分の知っているアフガニスタンを美しい記憶のままとどめておきたいと言ったのです。[*37]

ラスムセン監督は、撮影できる今のアフガンの姿も捉えようと考えていた。しかし、アミンにとって、今のアフガンはもはや自分の知るアフガンではない。彼にとって「本当の」アフガンとは、幼少期の自由なアフガンだけなのだ。本作において、アニメーションは記憶の中だけにある「失われた」故郷を描く手段として効果的に機能している。アニメーションでなくては描けない現実があることを、米国アカデミー賞も認めたのか、『FLEE フリー』は2022年の長編ドキュメンタリー映画部門と長編アニメーション部門に同時にノミネートを果たす快挙を成し遂げた。

土居は、アニメーション・ドキュメンタリーの隆盛によって同ジャンルの定義が広がりつつあることを指摘し、記録映像をベースにしたものだけでなくノンフィクションを題材

＊37　拙稿「難民が1億人を超えた。「帰る国を失う」感情を私たちは知らないままでいいのだろうか」 https://www.huffingtonpost.jp/entry/story_jp_629ff04de4b04a617347ae1b（ハフポスト、最終確認日2023年5月28日）

にしたアニメーション作品を含むこともあると指摘している。[*38] 例えば、こうの史代原作、片渕須直監督の『この世界の片隅に』（２０１６年）にも土居はドキュメンタリー的な要素を見出している。[*39]

ドキュメンタリーはジャンルからモードへ

グリアソンが言うようにドキュメンタリーがそもそも創造的なものだとすれば、フィクションとの垣根は案外低いもので、逆に様々な映像にドキュメンタリー的な要素を見出すことも可能だろう。

映画評論家の渡邉大輔《わたなべだいすけ》は、『新映画論 ポストシネマ』（２０２２年）で、現代はドキュメンタリーの時代であると主張している。低予算のホラー映画、怪獣映画などがフェイクドキュメンタリーのスタイルを選択するケースが多いこと、ネット上に記録映像が溢れているこ

＊38 土居伸彰「アニメーション・ドキュメンタリー」
https://artscape.jp/artword/index.php/アニメーション・ドキュメンタリー（artscape、最終確認日２０２３年5月28日）

＊39 土居伸彰＋藤津亮太＝対談「２０１９年はアニメーションにとってどんな年だったか？」
http://www.kaminotane.com/2020/02/21/8426/（かみのたね、最終確認日２０２３年5月28日）

となど、ドキュメンタリー的な映像が溢れている状況を指し示し、「いまやひとは誰でもスマートフォン片手に即席の『ドキュメンタリー作家』になれる」といい、成長過程を見せるアイドル産業やプロレス人気の再興など「ドキュメントの要素と演出が混在する」コンテンツの流行を分析し、「時代精神としての『ドキュメンタリー的感性』」がある時代であると定義づけている。[*40]

そのような現代では、ドキュメンタリーは固有のジャンルを超えて要素と感性が拡散している状況と言えるかもしれない。こうした状況を筆者は、「ドキュメンタリーはジャンルからモードになった」と呼びたいと思う。

「モード」という言葉は、ハリウッド映画の「メロドラマ研究」などで出された概念だ。かつて、ジャンルとして研究対象だったメロドラマの諸要素は、現代においてはジャンルを横断して様々な映画に見られることが指摘されるようになった。ジャンルを超えて感性としてメロドラマが拡散するようになると、これまで別ジャンルだと見なされていた西部

＊40　渡邉大輔『新映画論　ポストシネマ』ゲンロン叢書（株式会社ゲンロン）、2022年、P83〜96

劇やギャング映画などにもメロドラマ的要素が見出せると論じられるようになった。[*41]

筆者はドキュメンタリーについても同様の指摘ができるのではないかと考える。ドキュメンタリー的感性が遍在するようになった結果として、アニメーションにも「モードとしてのドキュメンタリー」が入り込み、アニメーション・ドキュメンタリーの隆盛が起きたのではないだろうか。拡散したモードのドキュメンタリー要素は、ノンフィクションではないアニメーション作品にすら見出せるだろう。例えば、聖地巡礼を誘発するタイプのアニメ作品は、舞台となる土地の風景を克明に描くことが多いが、その時代の風景を記録する機能が必然的に混じる。そして、新海誠は、そうした聖地巡礼を誘発するタイプの作品を数多く残してきた作家だ。

新海誠のドキュメンタリーモード

新海誠は、風景に想いを託してきた作家だ。美麗な背景美術に光の美しさでキャラクターの感情を表現していく。とりわけ初期の作品群は、キャラクター描写以上に風景描写に

*41　ジョン・マーサー＋マーティン・シングラー〔中村秀之＋河野真理江＝訳〕『メロドラマ映画を学ぶ　ジャンル・スタイル・感性』フィルムアート社、P165

力が入っており、それが彼の作家性と目されていた。

そんな彼の風景描写は、2011年以降、よりリアリズムへと向かう。2013年『言の葉の庭』では、自然の事物を仔細に捉えるのみならず、企業ロゴや看板・広告までも実在するものを作中に反映させる試みを始めたのだ。これは、単純に企業タイアップで収益を得ようという発想ではない。そもそも、『言の葉の庭』の頃には、新海誠の名前は広く知られていないので、企業ロゴを使うにもタフな交渉を要したはずだ。実際にサントリーのアルコール飲料を使用するため、同社に許諾を求めたそうだ。[*42]

この面倒な作業を行ってまで実在企業を作中に登場させる理由は何か。2012年に彼がマーケティングについて会社に提出した文章にそれが書かれている。

日常描写では固有の商品・施設等を描くことがしばしば必要となりますが、商標権の問題があるため、多くの場合は実際の商品名を微妙にアレンジした形で描かれます(McDonald's→WcDonald'sというふうに)。そのような「一見リアルだけど実は違う」とい

*42 島津翔「新海誠監督「天気の子」、新会社だからできた挑戦」https://business.nikkei.com/atcl/gen/19/00005/080100037/?P=3（日経ビジネス電子版、最終確認日2023年5月28日）

う描写は最初の頃こそ新鮮味もありましたが（2000年代半ば頃まで。『雲のむこう〜』ではそこが喜ばれていたような記憶があります）、今では逆に陳腐なお約束描写になってしまった感があります。そのようにパロディ的に現実を描くことが、アニメ独特の閉鎖性にさえ見えます。

そこで本作ではより実写的に、劇中に登場する服装・建物・小物等の企業ロゴを出来る限りそのまま画面に映したいと望みます。現実生活をアニメの中に切り取るためにはこのようなアプローチは有効ですし、それは観客にとっても新鮮な画面に映るはずです。[*43]

ここで新海は、明確に「現実を切り取る」と言葉にしている。人々の生活をリアルに描くのなら、私たちの周囲に溢れる商品も本物ではなくては嘘になってしまう。『言の葉の庭』は、震災以後に企画された彼の最初の作品となったが、現実に向き合う意識は、この

*43 新海誠「『言の葉の庭』——マーケティングについて」、柳憲一郎のインタビュー『新海誠ロングインタビュー「一度きりの、しかし今に続く」』内に所収、『EYESCREAM増刊　新海誠、その作品と人』2016年10月増刊号、スペースシャワーネットワーク、P26

ように自身が得意とする背景美術をはじめ、服や靴などの小道具・衣装にまず表れた。この姿勢は、後の『君の名は。』（2016年）にも受け継がれ、社会現象となった同作の恩恵か、『天気の子』（2019年）ではさらに多くの実在企業のロゴや広告に溢れた作品となっている。

現代は大量消費社会であり、私たちの生活は企業の商品に覆われている。しかし、フィクションの映像作品でそれらを見かける機会は意外と少ない。ニュース映像ですらボカシが入れられることもある。社会の中でコンプライアンスが重視される傾向が強くなればなるほど、私たちの生活の一部である商品をそのまま映像に映すことが難しくなる。その意味で、多くの実写映像は私たちの生活の現実を切り取れていない。新海はそんな時代に逆行するかのように、アニメで実在企業を出そうとする。近年の映像作品を何十年後に観ても、本当はどんな風景だったのかを知ることはできず、むしろ、新海誠のアニメ映画を観る方がわかりやすいなどと評される可能性もあるかもしれない。

例えば、『天気の子』でバニラ求人の宣伝トラックが走行しているが、実在企業名を出した上であれを映した映像作品は少ないだろう（筆者の知る限りNetflixの『ケイト』ぐらい）。『天気の子』については、歌舞伎町をはじめ新宿の街並みが多く登場するのも見逃せないポイントだ。歌舞伎町で撮影された作品は少ない。近年は変わりつつあるらしいが、昔は撮影許可が下りないことも多かった（筆者が映画学校の学生だったころ、ヤクザが出てくるから歌舞伎町で撮影するなと言われていた）。そもそも人通りの激しい地域なので、今でも撮影には不向きな場所である。大量の人で溢れる新宿駅前も同様に撮影に向いていない。その意味で、新宿は事細かに実写で記録することが難しい地域で、『天気の子』はそういう場所をアニメーションで記録している作品でもある。[*44]

『すずめの戸締まり』に見る生と死の混沌

最新作『すずめの戸締まり』にもその姿勢は受け継がれており、企業広告やロゴも多数登場する。コンビニエンスストアのローソンはローソンのまま出てくるし、そこで働いている外国人労働者の姿も、２０２２年の東京では日常的な光景だ。

この強く刻印された現実の手触りの中で、東北の震災を描くのが最新作の『すずめの戸締まり』だ。この現実感の中、岩手県にあるすずめの生家を目指す途中で観客が目にする

＊44　『全裸監督』や『新宿スワン』『ＴＯＫＹＯ ＶＩＣＥ』など歌舞伎町で大規模ロケを行う作品も近年増加している。歌舞伎町商店街振興組合も撮影に協力的な姿勢になっているという証言もある。イソガイマサト「「全裸監督 シーズン２」〝歌舞伎町ロケ〟を実現させた、制作者と地域の信頼とは？　撮影秘話を徹底鼎談！」https://moviewalker.jp/news/article/1042339/p4（ＭＯＶＩＥ ＷＡＬＫＥＲ ＰＲＥＳＳ、最終確認日２０２３年５月28日）

ものは、無機質な防潮堤、津波で流された殺風景な風景、半ば緑に覆われた廃屋、原発の見える海沿いなどである。

本作の後半で風景を巡る特に重要なシーンは、芹澤《せりざわ》の「このへんって、こんなに綺麗な場所だったんだな」というセリフが発せられる場面だろう。これに対して、すずめは「ここが、きれい？」と心の中で疑問を呈す。このシーンで筆者は、瀬尾夏美の文章を思い出した。彼女は、自著である被災者の言葉を紹介している。

あるおじいさんは、「津波で流された直後の風景を見たとき、うつくしいと思った」と話してくれた。こんなに悲しいのに、なんでうつくしいんだろう。それらは一見相反する感情だけれども、共存するものだったという。[*45]

芹澤の言葉を、非当事者の安易な感想と批判することは容易い。しかし、東北沿岸部で津波被害を経験した人の中にすら、同種の感情を抱いた人もいるのだ。瀬尾は「被災後の

*45 『あわいゆくころ』、P279

風景は、彼らにとっては辛いものだったかもしれません。でも、私としては、悲しみや喪失と美しさは同時に存在するし、それが美しいことは、彼らにとってただ苦しいことではなく、むしろ励みになるはずだとも思いました」と言う。[*46]

カメラとは時に、人に演技を強要する道具でもある。カメラを向けられれば、人は誰しも多少は格好つけたり、役割を果たさなければと感じるものだ。被災地域で報道陣は多くの人にカメラを向けただろう。そのカメラは、どのような言動を被災者たちに求めただろうか。瀬尾の言葉は、ニュース映像やドキュメンタリーに映されにくい複雑な感情が被災当事者の中にあることを示している。

『すずめの戸締まり』小説版では、この時のすずめは「単純に驚いた」と記述されている。[*47]驚いた理由を断定するのは難しいが、少なくともすずめにはこの風景が「きれい」に思えなかったのだろう。同じ風景を客観的に見せても、個々人の主観では違う印象になるのが「現実」だ。カメラに映せない主観の現実を無視できない理由がこのシーンには端的に表れ

＊46　小森はるか＋瀬尾夏美「森山直人＝聞き手」「言葉と映像——聞くこと、話すこと、残すこと」、『舞台芸術』2022年、KADOKAWA、P57

＊47　新海誠『小説 すずめの戸締まり』角川文庫、2022年、P271

ている。

　そして、すずめの生家にたどり着くと、そこでもアニメーション・ドキュメンタリー的な創造性が発揮される。『すずめの戸締まり』は、主人公が忘れていた記憶を取り戻す物語であり（『戦場でワルツを』のように）、失われた故郷についての物語でもある（『ＦＬＥＥ フリー』のように）。

　すずめの生家は津波に流され、跡地には雑草が生い茂っている。そこに、津波に流される以前の風景が重ねられる。失われた思い出の中にだけある風景を取り出してアニメーションで描く態度がここにはある。そして、彼女は自分が忘れていた記憶、常世の扉をくぐっていたことを思い出す。常世は、燃え盛る被災当時の町のようだ。そこにも被災前の故郷の風景が重ねられる。震災後に現地でカメラを回しても映せなかった過去の現実だ。震災後に数多く撮影された「強度」ある映像よりも、今では震災前の風景の方が貴重に感じられる。

　常世の扉をくぐり、すずめはたくさんの声を聞く。それは死者となった者たちの「あの日の朝」の言葉だ。フィクションの力で生と死を混乱させ分断を超えようと試みた濱口や小森に対して、アニメーション作品である本作は、死者の世界である常世は常にこの現世とともにあるものとしてより直接的な表現で提示し、死者は生者とともにあることを描いている。
死者が生者とともにあるという感覚は、カメラに映らないが確かに現実に体験されたものだ。震災後、宮城県石巻市や気仙沼市のタクシードライバーたちの多くが、幽霊をタクシーに乗せたと証言している。『呼び覚まされる霊性の震災学』を著した金菱清《かねびしきよし》のゼミナールは、同著でそんなタクシードライバーの霊的体験を調査している。それは死者たちの無念の想いをドライバーたちが受け取ったのではないかと同著に書かれているが、そんな風に死者が共に生きている感覚は確かにあったのだ。[*48]
『すずめの戸締まり』は、そのようなカメラでは映せない感覚を、アニメーションによって確かに切り取っている作品なのだ。

*48 工藤優花「死者たちが通う街」、東北学院大学 震災の記録プロジェクト 金菱清（ゼミナール）＝編『呼び覚まされる霊性の震災学 3・11生と死のはざまで』新曜社、2016年、P11

新しい世代のための新しい風景

新海誠は『すずめの戸締まり』の製作動機について、「観客の多くは10歳台で、共通体験としての震災が薄くなっている」ことへの危機感があったという。[*49]

少子化が進んでいるとはいえ、新しい世代は日々生まれ育ち、震災当事者は少なくなっていく。それでも震災の記憶を継承するならば、当事者と非当事者を分断する意識は崩さねばならない。瀬尾は、『二重のまち／交代地のうたを編む』はその壁を超えるための実践だったと証言する。

幼い頃に震災の様子をメディアを通して見て「あのとき何もできなかった」と申し訳なさそうに語る若い子に出会うことがあって。こんなふうに震災の影響を受けながら育ったんだなと思いました。

いままでは、被災の〝当事者〟と言われる人たちと言えば被災地で家や家族をなくしたような人たちだととらえられてきました。でも、そうでなくても、みなそれぞれに

*49 「震災描いた新海誠監督アニメ「すずめの戸締まり」…モデルの三鉄・織笠駅に聖地巡礼ファン」https://www.yomiuri.co.jp/culture/cinema/20221118-OYT1T50153/（読売新聞オンライン、最終確認日２０２３年5月28日）

衝撃を受け、問いを積み残しながらその後の時間を暮らしてきた。いよいよ、これまで〝当事者〟ではないとされてきた人たちの声が置いてきぼりになっていると感じたんです。それで、当事者か非当事者かというカテゴライズ自体が分断を助長してしまっていることのほうが問題なのではないかと思うようになりました。[*50]

『すずめの戸締まり』は快活なエンターテインメントとして作られている。震災という悲劇をエンタメにしていることに対する非難が一部である（新海監督はそうした批判が出ることを覚悟の上で作っただろう）。しかし、若い人の間で震災の体験濃度は日々薄くなり、震災について語りにくい空気が増えていくなかで、エンタメとして本作を提示したことには大きな意義があったと筆者は考えている。当事者と非当事者を分断する状況そのものを崩すためには、エンタメ「も」必要なのではないか。

濱口と酒井が『うたうひと』で撮った民話は、当事者が後世の非当事者に語り継ぐためのツールだっただろう。『すずめの戸締まり』は小森と瀬尾の『二重のまち』のように、後

＊50　野路千晶『「誰かが忘れずに、覚えていてくれるように。そして同時に、誰もが忘れてもいいように」。瀬尾夏美インタビュー』https://www.tokyoartbeat.com/articles/-/seo_natsumi_interview（Tokyo Art Beat、最終確認日2023年5月28日）

世の非当事者に伝えるツールとして機能する「新しい民話」を目指して作られたのではないだろうか。

最後に、『すずめの戸締まり』に描かれた新しい風景について指摘してこの論を閉じたい。『二重のまち』にはこんな一節がある。

まっしろい防潮堤、囲われた灰色の海、削られた山やま
奇妙に角ばった風景
これを、愛せるときが来るだろうか

夕やけのチャイムが鳴る
孫を迎えに行かなくては
彼らにとっては、この風景がかけがえのないふるさとになる[*51]

*51 瀬尾夏美『二重のまち／交代地のうた』書肆侃侃房、2021年、P89〜90

震災によって失われた風景がある。陸前高田はかさ上げ工事も行い、古い町は地下に埋まりさえした。しかし、新しい風景も生まれ、それは次世代にとってのふるさとになる。『すずめの戸締まり』の終盤、新たな旅に出る草太をすずめたちが織笠駅で見送る。この駅は、かつてはJR山田線の駅だったが津波で消失。2018年に、1キロ先の三陸鉄道リアス線の駅として新設された。あの駅は、震災後に生まれた新しい風景なのだ。

新しい風景から、次への一歩を踏み出すことで『すずめの戸締まり』は幕を閉じる。風景作家としての新海誠の矜持がここには表れている。新海誠は、アニメーションならではの方法で失われた記憶と風景を呼び戻し、なおかつ今映せる新しい風景を希望とともに記録したのだ。

第2章 実写とアニメーションの間隙

『るろうに剣心』の実写ならではの魅力

和月伸宏《わつきのぶひろ》のマンガを大友啓史《おおともけいし》監督が映画化した『るろうに剣心』（2012年）は、シリーズ五作全てが大ヒットを記録し、原作ファンにも評判が高いことから、マンガ・アニメの実写映画化の成功例と言われる。

しかし、皆「実写」という言葉をよく使うのだが（筆者もつい使ってしまうのだが）、そもそも「実写」とはなんだろうか。アニメーションは厳密に定義化されてきたが、実写の定義はあまり議論されてこなかったし、その分「実写ならではの表現」も充分に検討されてこなかったのではないかと筆者は思っている。歴史的に、映画＝実写映画を指すものだったので、「映画ならでは＝実写ならでは」と考えられてきたのだろう。しかし、これだけアニメーション映画が隆盛をほこり、映像の大半が3DCGの超大作が大量生産される時代にも、まだ私たちは「映画＝実写」と考えていてよいのだろうか。

マンガならではの表現やアニメーションならではの表現があるのなら、実写ならではの表現もあるはずだ。アニメや漫画の実写化はどうすれば成功するのかと多くの人が考えているだろうが、「実写ならでは」が何かわからないと成功させるのも難しいのではないか。マンガを実写に置き換える時、実写だからこそ可能な表現とは何かを作り手は意識しているはずだ。ということは、マンガやアニメを実写化する時にこそ「実写ならでは」が浮き彫りになるのではないか。『るろうに剣心』はきっと、そこを押さえていたから成功と言われるに違いない。ここでは、本シリーズが追求した実写ならではの表現とは何かを考えてみたい。

『るろうに剣心』は時代劇なのか

日本映画には時代劇というジャンルがある。このジャンルの意匠を取り入れることができたから『るろうに剣心』は実写映画としてある種の風格を獲得できたという意見がある。確かに、ロケ地、セット、衣装や小道具など、時代劇用の本格的なものを用いているので、それが作品の説得力を作り出すことに大きく貢献しているのは間違いない。

ということは、『るろうに剣心』の実写化成功要因は、時代劇だからなのだろうか。時代劇を厳密に定義することは難しいのだが、大友監督は度々、本シリーズについて、時代劇という言葉から連想されるものとは異なった作品にしたかったという趣旨の発言をしている。

多くの人が時代劇と聞いて想像するものには型のある様式的なものが多いと思われる。特にそれは、チャンバラ（殺陣）と呼ばれるアクションシーンに顕著となるだろう。時代劇に詳しい映画評論家の春日太一《かすがたいち》は、時代劇の殺陣で重要なのは「静・動・間」だと『時代劇入門』（2020年、角川新書）に記している。動の間に静を入れることで緩急をつけて、強く、速く、美しく見せることが大切なのだそうだ。

筆者がこの本をユニークだと思う点は、時代劇の殺陣の魅力をわかりやすく伝える作品例として、アニメ作品の『機動戦士ガンダム』（1979年）を挙げていることだ。

例として劇場版二作目『哀・戦士編』を挙げます。
そこに登場するランバ・ラルというジオンの軍人が乗るモビルスーツ＝グフと、主人公アムロ・レイの乗るガンダム。この二体が砂漠で一騎打ちをするシーンがあります。
これが完全に剣豪同士の決闘でした。[*1]

春日は、このシーンには「静・動・間」が見事に組み込まれており、機械なのに重心が

*1　春日太一『時代劇入門』角川新書、2020年、P329

低くなっている、それはアニメが画だから本来の機械にはない関節の柔らかさを描けて、人間の動きのように描写されているとし、富野監督は「迫力ある殺陣の見せ方」を知り尽くしていると絶賛している。

さらに面白いのは、同著の富野《とみの》由悠季《よしゆき》監督の対談の中で、春日は『るろうに剣心』のアクションシーンは時代劇の殺陣の演出から外れたものだと語っている点だ。実写映画で刀をもって戦う『るろうに剣心』は時代劇の殺陣ではなく、SFアニメの『機動戦士ガンダム』が殺陣の魅力を伝えるものという、一見すると奇妙なねじれが発生しているのだ。

このねじれは、それぞれの演出家の見識の違いや作品の方向性によるものだろう。だが、春日の言う「静・動・間」を、アニメの方が作りやすいということが要因として考えられるかもしれない。チャンバラシーンは、激しく動くだけではなく、静と間を作るためにアクションの中でピタリと美しく止まる必要がある。生身の人間は訓練しないと綺麗に止まることはできないが、アニメのキャラを止めるのは難しくない。ディズニーよりも少ない作画枚数で個性的な運動を追求してきた日本のアニメ産業は、図らずも「静・動・間」のメリハリを追求してきた部分があったはずだ。

『るろうに剣心』のアクションシーンは対照的に、止まらずに動き続ける。例えば、シリーズ一作目のクライマックス、鵜堂刃衛《うどうじんえ》との対決は、美しい型にこだわらずに次から次へと刀を繰り出すスピード重視のアクションが満載だが、これは実際の殺し合いの場では「間」はすなわち死を意味するので、動き続けて戦うのだという発想だと思われる。

時代劇とアニメの距離

時代劇の源流は型を重視する歌舞伎にある。日本の映画創成期はカットを割ることなく、そのまま舞台を写したものが多かったが、その際、歌舞伎が題材に選ばれることが多かった。戦闘シーンのような激しい動きを、歌舞伎では「立ち回り」、略して「タテ」と呼ぶ。これが「殺陣」の語源だ。歌舞伎のタテとはどのようなものか、『殺陣 チャンバラ映画史』（1993年、現代教養文庫）の永田哲朗《ながたてつろう》はこう説明している。

タテは、見得を極度に生かして、ほとんど連続的に美しい静止態を見せる。よく大見得を切るなどというが、「見得」は演技感情の最高潮に達したとき、一瞬静止の形をとり、からだ全体、とくに眼に力を入れて睨み、その形をより強く観客に印象づける手法をいう。[*2]

このように美しい状態を見せることを様式美とする歌舞伎を、「動く絵」と表現する人もいると永田は同著で書いている。動く絵といえばアニメーションを連想させるが、歌舞伎の見得を切るという表現は、リミテッドアニメーションとして進化した結果、止め絵の美しさも重視する日本のアニメにも相通ずる美学と言える。

時代劇の殺陣は、そのような見得を基本とする歌舞伎の様式からはじまり、歌舞伎の型にとらわれない独自の表現が様々な角度から模索され、独自の美学が形成されていった。殺陣の歴史も長く、ここでその全てを説明することは難しいが、主に歌舞伎から生じた見せるための美という側面と、映像であるがゆえのリアルであるべきとのせめぎ合いの中で、その美学が磨かれていったと言っていいだろう。

時代劇に限らず、アクション映画はしばしば、映像のコマの回転数をいじって速度を上げることがある。いわゆる「コマ落とし」というもので、本来1秒24コマのところを、それよりも少ないコマ数で撮影することで、実際の動きより速く見せることができる。時代

＊2　永田哲朗『殺陣 チャンバラ映画史』現代教養文庫、1993年、P12

劇では様式美が重んじられる。速く動けばそれだけ型がくずれやすいので、少しゆっくり動いてきっちりと型を守ったうえで、フィルムのスピードを速めてリアルに近づける。他にも、速く動き過ぎて相手に当たってしまい怪我をさせたらまずいという理由もある。サイレント映画とトーキー映画時代を股にかけて活躍した阪東妻三郎《ばんどうつまさぶろう》のチャンバラはこんなふうに工夫されていたそうだ。

カメラマン鈴木博氏も、刀をふりかぶったときは遅く、斬りおろすときは速くという風に、独特のカメラ技術を編み出して阪妻の殺陣を効果的にした。[*3]

筆者には、これはアニメ作画がコマ数などに緩急をつけて動きを創出しているのと似ているように思える。コマを操作して運動をいじるというのは、アニメーションの定義そのものと言える手法で、時代劇にはアニメと似たような美学を持っているのだ（もちろん、時代劇全てがフィルム回転数をいじっているわけではない）。

＊3　『殺陣　チャンバラ映画史』、P82

チャンバラではなくボクシングの殴り合い

大友監督は、マンガ原作の『るろうに剣心』を実写化するにあたり、アニメと共通する美学を持つ様式的な時代劇とは異なる方向性を打ち出している。『るろうに剣心』はその点、時代劇的でもなくチャンバラでもなく刀を使ったボクシング、殴り合いだと思って撮っている。*4

この「殴り合い」という言葉が示すものは何だろう。本シリーズのアクション監督を担う谷垣健治《たにがきけんじ》の証言を参考にしてひも解いてみよう。

谷垣は殺陣には二種類あると語り、『るろうに剣心』シリーズのアクションの方向性を以下のように説明している。

> 殺陣にも2種類あると自分では思っていて、それは『ドラゴン・キングダム』のジャッキーVSジェット・リーに観られるような「息もピッタリ」な殺陣。もう熟練されたプロの芸を楽しませてもらうというかね。もうひとつは「息の合わない、生っぽい」

*4　道田陽一「テレビから映画へ　転進後初の監督作品」、『創』2012年7月号、創出版、P75

殺陣。今回は、完全に後者を狙ったわけだ。*5

ジャッキー・チェンとジェット・リーのような熟練の専門家による格闘シーンは、ある意味、舞踏のようなもので、息を合わせて動きが決まっている。それに対して、『るろうに剣心』では、約束通りに動かない時もあり、そのちぐはぐさでリアリティを高めるという方向を目指した。大友監督はそれを、ボクシングのような相手を本当に殴り倒す真剣勝負に例えたのだろう。

従来のチャンバラ時代劇の基本は、基本的に息を合わせるタイプだ。富野監督と春日は、前述した『時代劇入門』に収められている対談で、殺陣は「武闘ではなく舞踏」という考えを披露しているのだが、舞踏は基本的に息を合わせないと美しい動きにはならない。その点でいうと、大友監督は『るろうに剣心』というシリーズを、従来の時代劇の様式「静・動・間」から、あえて外れたものを志向していると言える。舞踏として息を揃えようとせずに本当の殴り合いのように見せるという意識は、谷垣の言葉を借りると「今目の前で起こってることを大切にする、という方針でやっていったのが逆に『作り物っぽさ』を排除

*5　谷垣健治『アクション映画バカ一代』洋泉社、2013年、P228

できていい結果」をこの作品にもたらした。[*6]

非現実的な動きもカメラで撮る

「今、目の前で起こっていることを大切にする」というのは、なんだかドキュメンタリー作家が言いそうな言葉だ。実際に大友監督は、NHKでドキュメンタリー制作からキャリアをスタートさせ、ドラマ演出に転向してからも、時代考証を含めて現実に近い手触りのリアリズムで勝負する作品を生み出してきた作家だ。

だが、『るろうに剣心』は、実際のところ、生っぽさを重視したアクションだけでなく、主人公の剣心が超人的なジャンプをしたりとリアルから逸脱した「アニメ的」な動きも描かれる。大友監督は、「『龍馬伝』（2010年）的なリアリティある土壌にマンガ的なキャラクターを入れ込んでいって、それをマンガ的なタッチではなく描く」と、[*7]このシリーズについて語っているが、実際にはマンガやアニメ的なリアリティラインと作り物っぽさを排除した生々しいアクション、異なる二つのリアリティラインが混在した作品だ。

*6 『アクション映画バカ一代』、P228
*7 「テレビから映画へ　転進後初の監督作品」、『創』2012年7月号、P74

だが、本シリーズはそうした非現実的な描写も、ワイヤーワークなどを駆使してカメラの前で作り出している。ハリウッドのVFXでは主流の3DCGに極力頼らずに、非現実的な飛躍すらカメラの「目の前で起こす」という姿勢を徹底しているのだ（もちろん、ワイヤーはVFXで消しているのだけど）。しかも、『るろうに剣心』は、コマ落としの技法も用いず、1秒24コマの通常のカメラスピードでアクションを撮影している。

アニメーションにできず、実写にしかできないこと。それは、「カメラで目の前に起きていることを撮影する」ことそのものに他ならない。それこそが、「実写ならでは」の魅力だろう。カメラの前で起こったことは偶然も含めて大事にする姿勢。それが予定した動きを描くアニメーションにはできない「実写ならでは」の美学だ。

カメラで撮影したから実写だ、というのはひどく当たり前のことに思えるかもしれない。しかし、ハリウッドの超大作映画に顕著だが、その当たり前が崩れている現代だからこそ、その当然の前提を再確認し、実写とアニメーションがどんな異なる美学を築いてきたのかを考え直す必要があるだろう。『るろうに剣心』は「実写ならでは」の美学にこだわったからこそ、実写化の成功作なのだ。

第3の空間『シン・エヴァンゲリオン劇場版𝄇』

『シン・エヴァンゲリオン劇場版𝄇』（2021年）のラストカットは、とても奇妙な映像だ。しかし、嫌な奇妙さではない。

このラストカットは、山口県にある宇部新川駅を空撮で撮影した実景映像がベースになっている。しかし、現実を切り取ったはずのその実景映像に現実でないものが交じり合っている。走り去る碇《いかり》シンジと真希波《まきなみ》・マリ・イラストリアスは手描きのアニメーションで描かれている。よく見ると道行くモブキャラも大半がおそらくCGで作成された架空の通行人だ。しかし、撮影時に映りこんだ自転車に乗った生身の人間や通りかかった車も存在している。そして、すでに引退した過去の車両も走っている。現実に存在するものと、存在しないもの、そして、かつて存在したものが同居しているのだ。シンジとマリは、CGのように実景と馴染ませるわけでもなく、アニメの身体だとわかるように描かれていて、あえて異物感が交じり合うような空間になっている。

この奇妙さは、『エヴァンゲリオン』シリーズの締めくくりにふさわしい説得力に満ちている。ひいては、庵野秀明という作家が追求してきた何かに通じているのではないかと思わせる。アニメと実写、両方の世界で大きな実績を残してきた庵野秀明は、その二つの世界を行き来する自身を顧みるかのように、「虚構と現実」を大きなテーマとして描き続けてきた作家だ。彼にとっての「虚構と現実」とは何なのかが、あのワンカットに集約されているような気がしてならない。

庵野秀明は、いかにしてあのカットにたどり着いたのか、そしてそこにある「奇妙さ」について解き明かすため、彼の辿ってきた道を振り返ってみることにする。

自主製作時代からアニメと実写のハイブリッドだった

庵野秀明は、自主製作時代からアニメーションも実写特撮映画も制作していたハイブリッドな作家だった。彼のアマチュア特撮映像は、アマチュアの遊びと切り捨てることが全くできないほどに完成度が高い。自主製作作品『帰ってきたウルトラマン マットアロー1号発進命令』（1983年）で、庵野が生身の人間のままウルトラマン役を演じていることは有名だ。生身の人間なのになぜか本当にウルトラマンに見えてくる。ウルトラマンに見せるためのアングルが徹底されているからだ。映画演出の神髄は、嘘を本当と思いこませることにある。この時点で庵野の演出テクニックはすでに際立っていた。
特撮自主製作で大きな成果を上げた庵野秀明は、プロとしてはアニメーターの道を歩むことになる。庵野は、アニメ作りにおいては実写的な画作りを志向し続ける。アニメーターとして参加した『王立宇宙軍　オネアミスの翼（王立）』（1987年）について庵野は後年このように語っている。

庵野　［中略］アニメは情報量をコントロールできるんだから、可能な限り情報をぶち込もうというのが『王立』の画作りだから。だから、すごく描き込んでますよね。当時では最大限に。観た人が「実写のようだ」と錯覚するのがベストっていう。それで「アニメじゃないみたい」と言われるのが良いわけなんですよ。

小黒　少なくとも、あの当時は？

庵野　そうそう。あの頃、誰かに『王立』の戦闘シーンとかについて「あれだったら実写でやった方がいい」っていう風に言われてですよ。言った人は悪口のつもりなんだろうけど、僕にとっては誉め言葉なんですよね。あんなのは実写では撮れないから。[*8]

『王立』の写実感ある描写は公開当時から現在に至るまで絶賛され続けているが、「実写では撮れない」という庵野の言葉は重要だ。なぜ、実写では撮れないと庵野が言うのかというと、限りなく実写に近い写実感を観客に印象づけているが、気持ちよさを優先した爆発のタイミングなどアニメ的な嘘が同居しているからだ。そんな虚実の入り混じった映像をこの時から庵野は生み出していたのだ。

庵野が商業作品初監督を務めた『トップをねらえ！』（1988年）では、演出プランに実写映画監督の岡本喜八《おかもときはち》のセンスを持ち込んでいると自ら証言している。[*9] 岡本喜八的な画作りは後の作品でも度々見られ、庵野の映像演出の基本路線の一つでキャリア初期からアニメに実写のセンスを積極的に取り入れる姿勢を持っていた。

＊8　「ロングインタビュー 庵野秀明のアニメスタイル「アニメとは情報である」」、『アニメスタイル2000年 第1号（美術手帖増刊号）』、美術出版社、2000年4月、P81

＊9　『アニメV』学習研究社、1989年7月、P43

『新世紀エヴァンゲリオン』で現実に放り出された

1995年にテレビシリーズが放送、1997年に劇場版が公開され社会現象となった『新世紀エヴァンゲリオン』で、庵野秀明は一躍時の人となる。深遠な世界観とクールなレイアウトセンスで、十四歳の少年少女の心の闇を生々しく描いた本作は、社会に大きなインパクトを与え、本人の人生の転機ともなった。同時に、これまで抱えてきたテーマが前景化してくるのもこの作品からである。「虚構と現実」だ。

庵野はドキュメンタリー映画監督の森達也《もりたつや》との対談イベントで、『エヴァ』によって社会に放り出されたと語る。

（アニメーションをやっている人は）子供っぽい。純粋。いつまでも社会的になれない人間。僕は『新世紀エヴァンゲリオン』のおかげで社会の中に放り出されましたけど、それまではほとんど世間を知らなかったですからね。[*10]

これまで作劇のレイヤーで実写とアニメの境界線を行き来していた庵野は、突然の社会

＊10　森達也＋代島治彦＝編著『森達也の夜の映画学校』現代書館、2006年、P155

的ブームによって、現実社会の中で虚構と現実が越境していくようなうねりに巻き込まれていく。自身の作った虚構の産物が現実に大きすぎる影響を与え、そこに耽溺《たんでき》する人を大量に生み出してしまった。そうした中から、1997年の劇場版『新世紀エヴァンゲリオン劇場版 Air／まごころを、君に』（旧劇）の実写映像挿入のアイデアが立ち上ってきた。実写映像に何を表象させようと当時の庵野が考えていたのかが、以下の言葉に端的に表れている。

アニメ作品に実写を入れることによって、閉塞したアニメの世界を打破したい。同時に、安全な自分だけの世界に安住しているアニメ・ファンたちを、外の現実に直面させたいのです。[*11]

アニメは自分だけの世界＝虚構であり、実写＝現実という比較的素朴な二項対立である。アニメは情報量をコントロールして、入れたいものだけを入れられる一方、実写は異物まじりの現実を切り取る。自分にとって気持ちいいものだけの世界で安寧としているアニメ

＊11　吉原有希『ドキュメント「ラブ＆ポップ」』小学館、1998年、P115

ファンに向けて、「現実に還れ」というメッセージを実写映像に込めたわけだ。
そもそも、『新世紀エヴァンゲリオン』で社会に突然放り出される以前から、庵野は世代的な要因として「虚構と現実」という命題を背負っていた。大島渚《おおしまなぎさ》監督との対談でそのことを正直に吐露している。

大島監督の六〇年代の作品を観ると、空想と現実の交差というのが出てきますが、そのころ子供だった僕らは、そのころ本当に空想と現実というのが交差してたわけです。子供のころはウルトラマンというのが本当にいるんじゃないか、あるいはいるというイメージを持ってたりしたんですね、怪獣がこの街を壊してくれたら面白いだろうなとか。そういう部分で育ってるので、現実感というのが基盤にないんですね、土着という意識ももうなくなっちゃっている。そういう呪縛から逃れられないかという恐怖がですね、僕もうすぐ四〇なんですけど、四〇前にして、ひしひしと来ているという感じがしているんです。[*12]

*12 大島渚+庵野秀明=対談「対話 国家と風景の現在（特集 大島渚2000）」、『ユリイカ』2000年1月、青土社、P67

『新世紀エヴァンゲリオン』の社会現象化が庵野に突き付けたものは、自身の現実感のなさだけでなく、社会からそれが無くなっていることの危機感と根詰まり感だった。そして、手法としてのセルアニメの限界をも、庵野はそれ以前から感じていた。

例えば、描ける表情の限界。ものすごく上手い人が、ものすごい手間をかけてやってもですね。少なくとも近藤喜文と、高畑勲という二大巨頭が組んで、あれだけの時間と手間をかけて作った『おもひでぽろぽろ』が、俺にとって何にもリアリティがなかったんですね。だから、この道はダメだ、と。[*13]

手法としてのアニメも、アニメを取り巻く状況にも限界を感じた庵野は、もう一つの映像空間である実写に転向する。

*13 「ロングインタビュー 庵野秀明のアニメスタイル「アニメとは情報である」」、『アニメスタイル2000年 第1号（美術手帖増刊号）』、P84

実写映画では生々しさを削る

アニメでは生々しさを追求した庵野は、どういうわけか、実写では逆方向に舵を切り、生々しさの欠けた映像を生み出していく。

庵野が最初に取り組んだ実写映画は『ラブ&ポップ』（1998年）だ。市販のデジタルハンディカムを使ったことと、援助交際がテーマという点で注目された本作は、現実を切り取った実写映像にもかかわらず、奇妙に現実感を喪失した印象を受ける。

庵野　でも、不思議なもので、実写1本やると、その実写のときには、逆に、生々しさを削っていくんですよ。できるだけうそ寒くして、不思議なものにする。全く逆のものを求めてしまう。[*14]

だが、アニメと真逆の方向性を志向するまでにも紆余曲折あった。庵野は当初、『ラブ&ポップ』をいわゆるフェイク・ドキュメンタリー的な形式で作ろうと考えていた。企画会

*14　宮崎駿＋庵野秀明＝対談「何を作るのか、何を作るべきか。」、『宮崎駿と庵野秀明（ロマンアルバムアニメージュスペシャル）』徳間書店、1998年6月、P23

議では『ラブ&ポップ』を原一男《はらかずお》監督のドキュメンタリー映画『ゆきゆきて、神軍』（1987年）のような作品にしたいと語ったという。プロットを任された薩川昭夫《さつかわあきお》は、庵野秀明自身を主人公に見立て、カメラを持って女子高生の援助交際を追いかけていくうちに自分も援助交際にのめり込み、そのせいで『旧劇』の公開が遅れた、という事実と嘘が混じり合ったプロットを書き上げる。

しかし、これは没になった。それを断念させたのは一本のドキュメンタリー映画だった。平野勝之《ひらのかつゆき》監督の『由美香』（1997年）である。『由美香』は平野のアダルトビデオ『わくわく不倫旅行』シリーズの劇場公開版だが、平野自身がカメラの前で己をさらけ出している姿を見て、「ここまで自分にはできない、生々しさを追求してもこれには勝てない」と悟り、方向性を変えたのだ。*15

生々しさを断念しても、庵野は実写という手法にそれ以外の重要な可能性を見出していた。庵野は、アニメと実写の違いについて「アニメは全てを頭の中で考えないといけないのでイメージの外に出られない。実写は自分のイメージの外のものを取り込める」という

*15 『ドキュメント「ラブ&ポップ」』、P140

主旨のことをよく語るが、『ラブ&ポップ』は、まさにその実践の場となった。『ドキュメント ラブ&ポップ』には、「デジタルカメラに機動力があるために様々なことがやれてしまうので、庵野や摩砂雪がその可能性をひとつひとつ試していく結果、いつまで経っても撮影が終わらない」と記述されている。*16 ２０２１年３月22日に放送された、『シン・エヴァンゲリオン劇場版𝄇』制作現場を特集したNHK番組『プロフェッショナル 仕事の流儀 庵野秀明スペシャル』で、バーチャルカメラから切り取った大量のアングルを検討する庵野の姿が印象的だったが、あの状況とよく似ていると言える。

もうひとつ、庵野がアニメにない実写のメリットとして挙げていたのが、カメラの自由度だ。セルアニメの頃はカメラを動かす演出は実写に比べてはるかにやりづらかった。岡本喜八との対談の中で庵野は、明確にそのことを指摘している。

> アニメだと、どうしてもフィックス（カメラを固定して撮ること）がメインになっちゃいますね。あとは二次元的なパン（カメラを同じ位置に据えて、方向だけ動かすこと）やT・U（Track up カメラを被写体に接近移動させながら撮ること）等しかカメラは動かせないです。背動（背景

*16 『ドキュメント「ラブ&ポップ」』、P175

動画）や回り込みは効率が悪いですね、アニメだと。[*17]

『ラブ&ポップ』のハンディカムはとにかくよく動く。カメラの自由度に関しては、今ではアニメもデジタル撮影の技術進歩によって大きく発展しており、『シン・エヴァンゲリオン劇場版𝄇』もその恩恵を受けている。式波・アスカ・ラングレーがシンジにレーションを無理やり食わせるカットなどにそれはわかりやすく発揮されている。

続く、実写映画『式日』（2000年）では35ミリフィルム撮影での映画作りに挑み、やはりどこか現実感を喪失した、白日夢のような作品を作り上げている。『シン・エヴァンゲリオン劇場版𝄇』のラストシーンの舞台でもある宇部新川が舞台の本作は、東京で「カントク」をしている男と、不思議な女性との日々をつづった作品だ。この映画では画作りの実践以上に、ナラティブに「虚構と現実」と「実写とアニメ」というテーマを深化させる内容となっている。主人公のカントクのモノローグが端的にそれを物語る。

映像、特にアニメーションは個人や集団の妄想の具現化、情報の操作選別、虚構の構

*17 岡本喜八『しどろもどろ：映画監督岡本喜八対談集』ちくま文庫、2012年、P212

築で綴られている。存在をフレームで切り取る実写映像すら、現実を伴わない。[*18]

ここには、『旧劇』でアニメファンに突き付けた「現実」としての実写映像はない。実写＝現実で、アニメ＝虚構という単純な二項対立はこの時点ですでに消失している。これは、一流の映画監督なら当然のように自覚されていることだ。ドキュメンタリーでさえ、現実そのままではない。『ドキュメンタリーは嘘をつく』（2005年）という著作を持つ森達也は、上述した庵野との対談イベントの中でこう語る。

メディアを媒介と訳せば、僕の作品も含めて、事実はその媒介の主観を経過するわけだから、虚実は絶対に綯交《ないま》ぜになってしまう。映像は事実だって勘違いする人がいるけれど、映像だってカメラアングルという主観で全然違います。[*19]

全ての映像は作り手の主観を通過する以上、現実とイコールで結べない。これは映像が

＊18　庵野秀明『式日』、スタジオカジノ製作、2000年公開
＊19　『森達也の夜の映画学校』、P154

本質的に抱える性質である。ならば、「虚構と現実」というテーマにおいてアニメと実写の違いは、虚実の混じり具合、濃度の問題ぐらいしかないのではないか。実写とアニメを往来する庵野は、その濃度の調整が何を生み出すのかを見極めようとしていたのかもしれない。

実写映画三作目の『キューティーハニー』(2004年)はその濃度の大胆な調整を試みている。本作では、生身の役者に1枚ずつ、アニメの原画のようなポーズを取らせた写真をつないで、非現実的な運動を創出する手法が取り入れられた。この手法を、制作陣は「ハニメーション」と呼んでいる。これは、『PUI PUI モルカー』(2021年)を取り上げる章で詳述する「ピクシレーション」という手法に近い。

コントロールされたアニメの世界に限界を感じた庵野が、アニメ的なコントロール感を実写に持ち込もうとしたのは興味深い。アニメでは実写的生々しさを求め、実写ではその逆に向かう。庵野秀明の作家性は、実写とアニメの境界を「越境」することそのものにあるのかもしれない。そんな姿勢を庵野氏は「ないものねだり」と呼んでいる。[20]

*20 「ロングインタビュー 庵野秀明のアニメスタイル 「アニメとは情報である」」、『アニメスタイル2000年 第1号(美術手帖増刊号)』、P100

『エヴァ』への帰還と、アニメと実写の間の「第3の空間」

『キューティーハニー』の後、庵野は新会社のカラーを設立して『ヱヴァンゲリヲン新劇場版（新劇場版）』（2007年）シリーズの制作に着手。この新たなシリーズにおいて、実写とアニメのさらなる融合と越境を試みている。この試みで見えてきたのは、実写とアニメの間にある「もうひとつの空間」の存在だ。

「新劇場版」シリーズでは、CGを本格に活用している。最初にCGチームに庵野が指示したことは「CGにフェチを感じるようにしたい」だ。具体的にこれが何を意味するかは、CGI監督の鬼塚大輔《おにつかだいすけ》の証言がわかりやすい。

僕たちとしては「これはCG的にどうかな？」って思うカットでも、「特撮的にOK！」となるようなことはいっぱいありましたね。車が倒れたり落ちたりするカットで、たとえ挙動が軽く見えてしまっても、「ミニチュアっぽさが出てて、グー！」とか。[*21]

CGとは大抵、現実にどれだけ近づけるかでその良し悪しを判断される。例えば米国の

＊21 『ヱヴァンゲリヲン新劇場版：序 全記録全集』株式会社カラー、2008年、P386

アニメーション作品では、動物キャラクターの毛並みなどが本物と見分けがつかないレベルのものがある。「現実」をクオリティの物差しにしているために本物らしさを追求しているからだ。

　現実を物差しにCGを制作してミニチュアに見えたら失敗だ。しかし、庵野は全く別の物差しで良し悪しを判断している。ミニチュアの特撮空間は、１００％アニメとも、１００％実写ともリアリティのあり方が異なる別の空間なのだ。実写空間でもアニメ空間でもない、「第3の空間」とでも呼ぶべきだろうか。

『シン・エヴァンゲリオン劇場版𝄇』に、撮影所に作られたミニチュアの中で二機のエヴァが戦うシーンがある。あのシーンはわざとミニチュアに見えるように作っているわけだが、このシリーズの制作姿勢がメタ的に表れていると言える。ミニチュアなどの古い特撮技術が廃れた決定的な要因は、CGの技術発展によって取って代わられたことにある。ミニチュアよりも結局、CGの方が「現実」に近づけるからだが、庵野は「現実」には見えなくてよいが、「特撮」には見えてほしいという発想をしている。実写とアニメを越境したからこそ、その間にある別位相の魅力に気がつけたのか、あるいは、庵野の心象風景は元々そこにあったのかもしれない。

『巨神兵東京に現わる』で第3の空間の面白さに迫る

特撮短編映画『巨神兵東京に現わる』（2012年）は庵野にとって非常に重要なチャレンジだったろう。何しろ、幼少期に親しんだ特撮技術を本格的に駆使して作品を作ったのだから。

特撮には「妙な異世界」観があると庵野は言う。彼は、実景よりも実景そっくりのミニチュアの方が感動できるのだそうだ。[*22] その妙な異世界観は、アニメとは異なる。その感覚は、ミニチュアは現実に存在しているが本物ではない、というところから来ている。現実世界に存在している嘘とでも言えばいいだろうか。「現実の中に描ける夢の映像。人間が創造の空間の中にいる違和感の面白さ」と庵野は特撮の魅力を表現する。[*23]

その「違和感」は、多くの人が慣れ親しんだ実写のリアリティレベルとも違うし、アニメほど虚構濃度が濃くないことからくるのだろう。だが、その絶妙な隙間に特撮オリジナルの魅力があると庵野は言っているのだ。

その魅力を、ミニチュア以外の方法も駆使して再現することに挑んだのが、『シン・ゴジ

---

*22 『ヱヴァンゲリヲン新劇場版：序 全記録全集』、P452

*23 『館長庵野秀明 特撮博物館 ミニチュアで見る昭和平成の技』日本テレビ放送網株式会社、2012年7月刊行、P9

ラ』（2016年）だ。

『シン・ゴジラ』でプリヴィズを導入

『シン・ゴジラ』は庵野秀明のキャリアにおいて『エヴァンゲリオン』シリーズに並ぶ重要作と言える。自身のルーツである特撮ジャンルで大ヒットさせたことはもちろん、実写とアニメのハイブリッドな制作手法の一つの答えを見出したからだ。具体的には『シン・エヴァンゲリオン劇場版:||』でも重要な役割を担ったプリヴィズの導入だ。プリヴィズとは、画面設計をコンピューター上で前もって作り上げることを指し、大作ハリウッド映画では当たり前になっている。とりわけCGなどのVFXを多用する作品は、前もってプリヴィズで完成イメージを撮影現場とVFXチームで共有しておく必要があるため、映画の完成度を左右する重要な要素となっている。

　庵野が『シン・ゴジラ』でプリヴィズを導入しようと考えたのは、当初は撮影現場に行かない予定だったので、きっちりイメージを作りこんで現場監督の樋口真嗣《ひぐちしんじ》につなごうと考えていたことが大きいと総監督助手の轟木《とどろき》一騎《いっき》が証言している。[*24] 結果的には、庵野は

＊24 『ジ・アート・オブ・シン・ゴジラ』株式会社カラー、2016年、P473

毎日撮影現場にいて、プリヴィズ通りの画ばかりを撮ったわけではないらしいが、特撮のリアリティをCGで再現するためにプリヴィズがおおいに役立ったようだ。CGI監督の宮城健とゴジラコンセプトアニメーターの熊本周平《くまもとしゅうへい》はこう語る。

宮城　庵野さんは、プリヴィズで自分が納得できるまで動きやアングルを詰めていたので、いざ本番のCGが出来上がってくると、上がった精度に違和感を覚えたのか、プリヴィズに戻して下さいという指示を出すことが結構ありました。プリヴィズでのCGは、たとえばゴジラひとつとっても、可動部も少なく、動きもかなり簡略された作りになっています。[＊25]

熊本　どうもこの異様な動きが、今回の庵野さんの狙いと合致したみたいなのです。〔中略〕この動きは自分にとっては、あくまでコンセプトであって、その後のアニメーションを作る過程で、もっとクオリティがアップされるのが前提になっているんです。[＊26]

＊25 『ジ・アート・オブ・シン・ゴジラ』、P232
＊26 『ジ・アート・オブ・シン・ゴジラ』、P235

プリヴィズはあくまで簡略化した仮の検討用素材なので、本番ではより生物的な骨格を意識して質感もリアルなものにしていくのが一般的な作品でのCG作業だ。「実写映画」ならそうやって精度を高めていけば良いかもしれない。だが、庵野の考える「特撮映画」としての魅力からは遠ざかる。

かつてのゴジラは着ぐるみだった。これは様々な制約の中で特撮の神様、円谷英二《つぶらやえいじ》が生み出した技法だ。初代『ゴジラ』（1954年）制作時にはアメリカ映画『キング・コング』（1933年）のようにストップモーションも検討されたが、製作費と時間の都合で断念、作り上げた着ぐるみも非常に重たいもので、本来の脚本では牛を追いかけまわすなど生物らしい振舞いをする予定だったものが、動かすだけでやっとのものになってしまった。しかし、それが怪我の功名となり、重量感があり、威厳漂う恐ろしいモンスターを生み出すことになったのだ。[*27] 庵野が目指したのはそのゴジラであり、現実にいそうな質感を持った存在ではなかった。ハリウッド映画は基本的に「実写映画」なので、リアリティの基準は「現実」になる。だからゴジラもポケモンもソニックも、現実の生物を参考に質感を作ることになる。しかし、実景よりも実景そっくりのミニチュアに感動する庵野の物差しは「現実」で

*27 鈴木和幸『特撮の神様と呼ばれた男』アートン、2001年、P214

はなく、「特撮」である。クオリティではなく、クオリティを測る物差し自体が、一般的な実写映画とは異なっているのだ。

そして、『シン・エヴァンゲリオン劇場版𝄇』では、プリヴィズの使い方にさらなる工夫を施し、特撮的なリアリティ感覚をメタ的にアニメで表現しようと挑むことになる。

『シン・エヴァンゲリオン劇場版𝄇』の虚構と現実

庵野秀明は度々「頭の中のイメージだけで作品を作りたくない」と発言している。それは従来のアニメ制作の絵コンテ至上主義と相容れない。アニメ制作は絵コンテが全ての画面の設計図となる。全てをゼロから生み出すアニメーションにおいては、絵コンテは基本的に頭の中から生まれる。庵野はここにメスを入れ、絵コンテ作成前にプリヴィズによる大量の試行錯誤をすることで解消しようとした（誤解されがちだが、プリヴィズ後に絵コンテも作成している）。

ここでプリヴィズとは何かについてもう一度確認しておく。プリヴィズとは本番の実映像制作前に、ＣＧなどによって試作映像を作成することを指す。実写映画の撮影現場は、通常、用意された絵コンテとは異なる芝居やカメラワーク、時にはセリフ変更なども起こりうるものだが、CGパートなどを精緻に作るためには突発的に動きや構図を大幅に変えられてはCGとの整合性が取れなくなる。したがって、プリヴィズ通りに撮影を進めなくてはならない。設計図通りの制作を強いられるという点で、プリヴィズを用いた実写制作は、絵コンテ主義のアニメーション制作に近づいているとも言える。それはまさに、庵野秀明が嫌がった頭の中でイメージを組み立てる作業に接近しているのではと思う人もいるかもしれない。だが、庵野のプリヴィズは、どうもそういうこととは異なり、『ラブ&ポップ』の撮影のように試行錯誤を繰り返す手段として用いているようだ。鶴巻和哉《つるまきかずや》監督はこう語る。

現在ではプリヴィズを作っているアニメも少なからずあると思いますが、それはあくまで「画コンテ→プリヴィズ」という流れだと思います。画コンテを作ったあとでプリヴィズ制作時に修正を加えてより完成度の高い画コンテを目指すというものです。実は『シン・ゴジラ』もこちらに近いやり方だったはずですが、今回、庵野さんがやりたいのは画コンテを経ずに、先にプリヴィズを作って、その結果、画コンテが完成するという作り方です。[*28]

今回は、さらにコンピューター上だけで組み立てるのではなく、モーションキャプチャを用いて、舞台を組んだセットで生身の役者に芝居をさせた動きを取り込んでプリヴィズに落とし込み、バーチャルカメラで大量のアングルから最適なショットを探すという途方も無い作業を行っている。さらに、作品の舞台のひとつである第3村のミニチュアを実際に制作し作業に活かしている。これだけの苦労を重ねて、絵コンテからの解放を目指したのだ。

実《じっ》は、「特撮の神様」円谷英二も絵コンテに縛られない映画の作り方を志向していた。実相寺昭雄《そうじあきお》監督は、円谷作品で数多くの光学合成を担当した中野稔《なかのみのる》の証言を紹介している。

円谷英二《おやじ》さんは、絵コンテの使い方もすごく上手だったなあ。あくまでも絵コンテは映像化してゆくための原点でね。そこからふくらませてゆくための捨て石のようなも

＊28　鶴巻和哉「プリヴィズが鍵を握った、新しいアニメの作り方」、『シン・エヴァンゲリオン劇場版𝄇』公式パンフレット、株式会社カラー、2021年、P70

のだった。このごろはね、アニメの撮影が実写のほうにもおよんじゃって、絵コンテが万能で、絵コンテをつくるために精力を使いはたしちゃったりするケースもあるよね。その結果どうなるかというとさ、絵コンテにしばられちゃって、それが立体化されれば事が終わりってことになる。いろんなパートのスタッフがたしかめるためだけにあればいい絵コンテが万能になるなんて、本末顚倒《ほんまつてんとう》もいいところだよ。[*29]

同書で実相寺昭雄は、円谷英二の「偶然の調子が面白い」という言葉を紹介している。絵コンテに縛られれば縛られるほどに偶然の入り込む余地が狭くなる。絵コンテ至上主義のアニメの制作現場であれば、さらに狭いだろう。

上記の手法で作られた第3村のシーンは、実写とアニメを通して庵野秀明の作品の中でも屈指の生々しいシーンになったと言っても過言ではない。このシーンでの試みは、庵野の抱えるテーマ「虚構と現実」を物語以上に雄弁に語っていると言えるだろう。そして、虚構と現実の混淆は、本作の後半ではナラティブなレイヤーとして具体的に立ち上ってくる。エヴァンゲリオン・イマジナリーなるものが登場し、碇ゲンドウはそれを「虚構と現

*29　実相寺昭雄『ウルトラマン誕生』ちくま文庫、2006年、P222、227

実を等しく信じる人間だけが見られるもの」だと言う。

主人公のシンジとゲンドウは、マイナス宇宙の中で対峙する。ミサトやレイの部屋から、本作の前半の舞台である第3村まで全てミニチュアや舞台セットのような場面で、二機のエヴァンゲリオンが戦う。シンジがカヲルと一緒に弾いたピアノの前で、エヴァが倒れ込むと同時に、エヴァがシンジの顔に切り替わり、巨大なシンジの顔がピアノを見つめているカットなど、ミニチュア特撮の撮影現場を連想させる仕掛けが満載だ。これらの映像は、この作品が全て「つくりもの」であることをメタ的に示している。

特撮作品も、ミニチュアが現実に存在すると言ってもやはり「つくりもの」だ。庵野も子供の頃から雑誌記事などの特撮特集でミニチュアを知り、それらが「つくりもの」であることは意識していたが、それでも本物に見える瞬間があって感動したのだと言う。[*30]

虚構を信じる力を称賛するラストカット

それが「つくりもの」だと知ってなお人はなぜ、映画や特撮、アニメを見て感動できるのか。それは、まさに人間が「虚構と現実を等しく信じる力を持つ」ためだ。歴史学者の

＊30 『館長庵野秀明 特撮博物館 ミニチュアで見る昭和平成の技』、P9

ユヴァル・ノア・ハラリは、『サピエンス全史』（2016年）で、ホモサピエンスという種がなぜ地球の支配者となれたのか、それは虚構を信じる力を得たからだと主張した。

かつて、アニメファンを現実に還らせようとした庵野秀明だが、現実に還ろうとも、人間は虚構を信じる生き物であることに変わりないのだ。虚構を信じてしまうことは駄目なことだろうか。その力に負の側面があることは事実だが、それなくして人類は発展しなかった。人類史の現実とは、今ここにないものを想像して、それを実現させようとあがいてきた連続だ。要するに「ないものねだり」をしてきたのだ。

エヴァンゲリオン・イマジナリーが示唆するのもまさにそれと同じことだろう。そして、シンジがエヴァンゲリオンのない世界を想像（創造）することで解放されるという展開にもつながってゆく。そうして、虚構と現実が等しく存在しているあのラストカットが生まれる。このラストカットの虚実の濃度は、庵野が考える特撮の「違和感の素晴らしさ」に通じる何かなのではないだろうか。

虚実のいり混じったものに感動できる、人間の力そのものを前向きに捉える姿勢が、あの最後のカットにみなぎっていたように筆者には思えるのだ。

バレットタイムと複層する時間『マトリックス』

長らく映画批評を支配してきたのは、写真の「客観的な記録性（インデックス性）」に依拠した自然主義的リアリズムだ。現実を写し取ることこそ映画であり、優れた傑作は現実を見つめるものだとされてきた。

そのような考え方は、映画だけに固有のものではなかった。文学の世界においても、純文学と呼ばれるものは現実を写生することを目指してきた。だが、それはポストモダンの時代に急速に変化し、文学も別のリアリズムの可能性を模索するようになった。

評論家の大塚英志は、その新たなリアリズムを「まんが・アニメ的リアリズム」と名付けた。「まんが・アニメ的リアリズム」は、簡単に言うと、現実の写生を目指した自然主義的リアリズムに対し、アニメやマンガのような虚構世界を描写することを目指すものだ。主にライトノベルの作品群に対して大塚はこのリアリズムを見出したが、その出発点を、SF小説家新井素子の漏らした言葉「ルパン三世の活字版を書きたかった」という発言に求めている。

この新井素子さんの思いつきは実は日本文学史上、画期的なことだったのです。誰もが現実のような小説を書くことが当たり前だと思っていたのに、彼女はアニメのような小説を書こうとしたのです。だから大袈裟に言ってしまえば彼女は自然主義的リアリズムという近代日本の小説の約束事の外側にあっさりと足を踏み出してしまったのです。[*31]

この新井の発言に相当するような動きを映画の世界に求めると、「アニメのような実写映画を作った」ウォシャウスキー姉妹の『マトリックス』（1999年）がそれに該当しそうだ。なぜなら、カメラのインデックス性によって、現実を描くことが当たり前だと考えられていた映画の世界で、アニメのような虚構、仮想世界を描写することに乗り出し、成功を収めたのだから。

新井素子が文学の世界で新しいリアリズムを生んだとすれば、ウォシャウスキーは映画の世界に、とりわけ実写映画の世界に、新しいリアリズムを生み出したのだ。

*31　大塚英志『キャラクター小説の作り方』講談社現代新書、2003年、P25

そのことは映画史の中で大変に重要な意味を持つ。

『マトリックス』が目指したのは現実の再現でなく仮想世界の再現

先に記した、文学における自然主義的リアリズムとまんが・アニメ的リアリズムのような対比関係が本当に映画にもあるのか、念のため確認しておこう。

1999年に、映画理論家の深川一之が『映画学』誌上で発表した「アニメーション論試論その一——ロトスコープと『リアル』」はこの一文ではじまる。

次のような考えは現在でも大勢であるように思われる。現実の光景を再現することが(実写)映画の原理であり、架空の光景をつくりだすことがアニメーションの原理である。ゆえに、アニメーションと映画は、互いにまったく別の意味を担った媒体である。[*32]

実際に、同様の認識を持っている人は多いだろう。似たような言説は、今日でも数多くなされているが、あえて本章で取り上げる『マトリックス』一作目が公開された1999

*32 深川一之「アニメーション論試論その一——ロトスコープと「リアル」」、『映画学』Vol13、映画学研究会、1999年、P114

年に発表された言説を取り上げてみた。少なくともこの文章が書かれた1999年にはそう考えられていて、『マトリックス』はそれを覆す作品として熱狂的に迎えられたと言えるだろう。

『マトリックス』が、その作品内で描くのは仮想世界だ。人々は機械が作り上げた「マトリックス」と呼ばれる仮想世界で生かされている。そして、大半の人間はそのことに気が付いていない。気が付くことができた少数の人間は、機械の支配から人を解放するために戦う。

物語の多くがその仮想世界での戦いに費やされる。3DCGやワイヤーワークを駆使し、仮想世界ならではの非現実的なアクションシークエンス、まるでアニメのような動きを実写映画で実現させ、二人の監督たちが考える仮想世界のリアリティを描き出そうとした。

3DCGなどの特殊技術を駆使した映像は、『マトリックス』以前にも数多く存在した。技術的な観点で『マトリックス』は特別ではない。だが、『マトリックス』以前の作品の多くは、3DCGなどの技術を、現実の再現、あるいは非現実的なものを現実世界に馴染ませることを目指して使用したのに対し、『マトリックス』は、もう一つの現実である仮想世界を描写するために用いた。例えば、『ジュラシック・パーク』の場合、恐竜がまるで現実に復活したかのような映像を生み出すために3DCGが用いられたが、現実世界に恐竜をなじませるという方向性であり、自然主義的リアリズムを物差しとして3DCGという技術を用いている。現実の描写を目指す自然主義的リアリズムではなく、仮想世界の描写を目指しているという点で、『マトリックス』はまんが・アニメ的リアリズムに根差した実写映画と言える。

そして、『マトリックス』が画期的だったのは、映画における自然主義的リアリズムの根拠である写真の客観的な記録性（インデックス性）を終わらせたことにある。

再び、深川の言説に戻る。深川は同記事でデジタルがもたらす、映像文化の変化についてこのように記している。

　デジタル機器によって産みだされたバーチャル映像が、被写体なしで、完全に写真を模倣し得るなら、写真映像の再現能力そのものに疑念が差し挟まれることになる。そのとき、写真映像は再現性を支える規範としての地位を失うだろう。それは、すでに現実のことであるかもしれないのだ。[*33]

＊33　「アニメーション論試論その一――ロトスコープと「リアル」」、『映画学』Vol13、P118

深川がこの原稿を書いた時点で『マトリックス』を視聴していたのかどうかはわからないが（この原稿はそもそもアニメーション論である）、まるで、『マトリックス』のことを言っているように思えてくる。

機械によって生み出された仮想世界は、デジタル技術による被写体なしで写真のような模倣性を実現した世界と言える。そのようなものをモチーフにする『マトリックス』の物語はメタ的に、来たるべく新時代には、デジタル技術が写真レベルの再現性を実現し、写真映像はインデックス性を担保できなくなるのだと示唆したわけだ。

最新作『マトリックス　レザレクションズ』（2021年、以下『レザレクションズ』）では、デジタル技術はさらに発展しており、そのことをまざまざと映像によって見せつけている。あの映画を観て、どのシーンがロケ撮影で、どのシーンがCGなのかを判定することは不可能だろう。映像のテクスチャーレベルでは、本物と偽物の区別はできそうにない。

さらに、『レザレクションズ』では、人物の見た目が人によって異なる世界として描かれている。キアヌ・リーブス演じるトーマス・アンダーソンの外見は、長髪の髭を生やした風貌で、まるで『ジョン・ウィック』のようだ。だが、それはトーマス本人にはそう見えているだけで、他の人には老人に見えている。テクスチャーレベルでは、どっちが本当の姿なのか判別できない（物語的には、どっちも虚構のアバターなわけだが）。

『マトリックス』シリーズは、そのように写真のように本物に見える世界が実は虚構であるという点から始まるが、物語のうえでも、映像のうえでもそのことに意識的であり、作品の題材と手法がピタリと合致している。

そして、現実を描写する自然主義的リアリズムではなく、虚構を描写するその新たなリアリズムは、現実と虚構の境目が融解しつつある現代を生きる人々にとって、切実なものとして感じられている。そのことを説得力を持って描いたからこそ『マトリックス』は画期的な作品だった。

そして、現実とは異なる仮想世界のリアリズムを、物語や言葉のレイヤーだけでなく、映像のレイヤーとして世界に見せつけたのが、本シリーズの代名詞ともなった「バレットタイム」という演出だった。

バレットタイムと映像の原点

バレットタイムは、止まっているか、もしくはスローモーションで動く対象を回り込むような視点で見せるテクニックだ。『マトリックス』一作目で、ネオが上半身をのけぞらしながら弾丸を避けるシーンは鮮烈な印象を残し、同作を代表するシーンとして今日も有名だ。そのあまりの格好良さに様々な作品で模倣され、この手法は一般化した。

バレットタイムは何を目指していたのだろうか。一言で言うと、アニメの回り込み作画のような映像を実写でやりたかったのだろう。[＊34]ただ、突っ立っている人間を回り込んで見せるなら、単純にカメラにその人物の周囲を回らせればいい。だが、躍動的な瞬間のポーズを素早く回り込んで見せるのは、実写の映像では困難だった。少なくとも映像用のカメラでは。

よく知られていることだが、『マトリックス』一作目のバレットタイムを作り出すために、ウォシャウスキー姉妹と視覚効果監修のジョン・ゲイターは約１２０台の静止画のカ

＊34 大口はこの原稿で、バレットタイムについて、ウォシャウスキー姉妹やジョン・ゲイターが大友克洋や押井守の作品からインスピレーションを得たと紹介している。大口孝之「新世紀の映画を予感させる弾丸ムービー」、『日経ＣＧ』１９９９年９月号、日経ＢＰ社、Ｐ１８３

メラを並べて連続撮影するという手法を選択した。その1枚1枚の写真を後から編集でつないで、あのような不思議な時間間隔の映像を生み出したのだ。あのバレットタイムは、写真の連続なのである。

だが、映像とはそもそも写真の連続である。映像の原理を学んだことがある人なら誰でも知っていることだが、1秒24コマからなる写真の連続が映像の最小構成要素である。

通常の動画カメラはフィルムを縦に回転させて映像を作りだすが、バレットタイムは120台の静止画カメラを横に並べる逆転の発想から生まれている。この発想の原点には、映画前史のとある人物の存在がある。ウォシャウスキーとジョン・ゲイターは、バレットタイムを創造するにあたって、エドワード・マイブリッジが1878年に発表した連続写真「動く馬」にヒントを得たと語っている。[*35]

「動く馬」は、写真用の撮影機を等間隔に置いて、馬の疾走を撮影したものだ。この写真がヒントとなってエジソンはキネトスコープを発明し、映画に発展していったという話は有名だ。ウォシャウスキーは、『スピード・レーサー』（2008年）でマイブリッジへのオマージュをささげている。レースコースの壁にシマウマの連続写真が並べられているシーン

*35 『スピード・レーサー』プレス資料、ワーナー・ブラザース映画、2008年、P5

がある。そこを猛スピードで走る車に合わせてカメラが移動すると、壁のシマウマも動いて見えるのだ。[*36]

ウォシャウスキーは、アニメのような映像を実写で作るために映像の原点に立ち戻ったと言える。なぜそうする必要があったのか。それは映像の仕組みを考えれば必然である。アメリカの映画批評家トム・ガニングは、映画の技術的な本質は「不連続な瞬間（フレーム）から連続した動きを生産すること」であり、それは「写真とアニメーションが共有している土台」であるとする。不連続な瞬間によって時間を操作すること。それが映像の本質なのだとガニングは言う。

私が指摘したいのは、イメージの起源が手描きのものなのか、それとも写真的なものであって結果的にインデックス的なものと関係しているのかに基づいて、アニメーションといわゆる実写映画《ライブアクションシネマ》との差異を主張することではなく、むしろそれらが動くイメージという共通の特質とともに時間の変容という共通性――すなわち、機械の不連

＊36　その他にも『スピード・レーサー』には映像の原理に対する言及がある。例えば、冒頭、幼少時代の主人公がパラパラ漫画を描いていたりする。

続性を通じて、瞬間の拍動を創出すること——を持っていることである。[*37]

このガニングの指摘で重要なのは、実写であれアニメーションであれ、映像とは「時間の変容」という特徴を持っているという点と、その時間の変容は瞬間の積み重ねによって生まれるのだとしている点だ。

マイブリッジが「動く馬」の連続写真を作った動機は、馬が疾走する時、四本の足全てが地面から離れる瞬間があることを立証するためだった。つまり、彼は動くイメージを作りたかったのではなく、時間を止めたかったのだ。動くイメージである映像のヒントになったのが、時間を止めるという正反対の行為だったというのは面白い話だ。そして、時間を止めるという点こそ『マトリックス』のバレットタイムにおいて最も重要なポイントでもある。

バレットタイムは、対象の動きは止まっているが、カメラ＝視点は猛スピードでその周りを動いている。ここには、二つの時間が流れている。対象は時間が止まり、視点は時間

＊37　トム・ガニング［長谷正人＝編訳］『映像が動き出すとき　写真・映画・アニメーションのアルケオロジー』みすず書房、2021年、P273

が素早く流れるというズレによって、「時間の変容」が表れている。

『レザレクションズ』で、本作の敵役アナリストがバレットタイムを揶揄するような振舞いを見せるシーンがある。「バレットタイム！」とアナリストが言うと、ネオやトリニティー、弾丸までも動きが止まり、アナリストだけが空間を自由に動き回る。止まっているネオたちと動けるアナリストはそれぞれ異なる時間を生きている。あのシーンは、バレットタイムの本質的な部分、時間の二重性をメタ的に言及したシーンと言える。

時間も空間も思いのままに創造し、変容させる欲望。それは主にアニメーションの世界で実践されてきた。対して実写映画は、インデックス性の原則によって現実の空間と時間を切り取ることに腐心してきた。しかし、マイブリッジを参照し、バレットタイムを生み出した『マトリックス』が示したのは、「時間の変容」を創造することが実写映画にも可能ということだ。それは、実写とアニメーションはともに同じ原理であるということの証明であり、1秒24コマで現実を切り取るインデックス性というのは、創出可能な時間間隔の一例に過ぎない。

現実の光景を再現するインデックス性こそが映画だという言説は、ある意味、本当なら数多くあり得る時間間隔を制限してしまい、映像表現を狭い領域に閉じ込めていたのではないか。バレットタイムは、元々映像に備わっていた「時間の変容」の可能性を再び取り戻させ、映像の原初の欲望に立ち戻らせたと言える。

120台ものカメラを制御するテクノロジーがあって初めて可能になったバレットタイムは、その後、『マトリックス リローデッド』（2003年）と『マトリックス レボリューションズ』（2003年）においては「バーチャルシネマトグラフィー」と呼ばれる技術体系に発展し、登場人物たちごとデジタルデータ化したうえで、デジタルのバーチャルカメラ上で自由自在な動きを作るようになった。[*38]

映画史初期を参照し、アニメーションに至ることの意味

デジタルという最新のテクノロジーによって、映像文化の原初の欲望に立ち返っているのは、奇妙なことに思えるかもしれない。しかし、デジタル技術の発展によって生まれた新しい事象が、映画史初期や映画前史の特徴を持っていることを指摘する人は実は多い。映像メディア論を研究する増田展大は、自著『科学者の網膜 身体をめぐる映像技術論：1880−1910』（2017年）で、「現代の映像文化やデジタル技術との近接性が、これら初期映

＊38 ジョー・フォーダム「ネオ・リアリズム『マトリックス リローデッド』」、『Cinefex』2003年12月号、株式会社ボーンデジタル、P8

画やその周辺に指摘されるようになってすでにひさしい」と指摘している。[*39] トム・ガニングは、ゾートロープやフェナキスティスコープ、あるいはフリップ・ブック（パラパラ漫画のようなもの）は、単に動きを表象しているのではなく動きを作りだしていると言う。[*40] その時、存在していた動くイメージは絵のコマの連続、すなわちアニメーションであったと言ってもおかしくないだろう。その後、写真を連続に並べて動きを創出する可能性が見出され、そこから実写映画が生まれた。

動くイメージそのものは、マイブリッジの連続写真の前から存在していた。マイブリッジの連続写真は、映像の始まりというより、写真によって動くイメージを可能にすることにヒントを与え、それが、実写とアニメーションに分かれていった歴史の分岐点だったのではないか。ガニングはマイブリッジの連続写真の誕生を指して「この瞬間に絵画と写真は、運動のイメージについての全く異なった考え方によって、劇的に衝突することになっ

＊39　増田は、その言説の例として、『メディア・スタディーズ』（せりか書房）所収のミリアム・ハンセン［瓜生吉則＋北田暁大＝訳］の「初期映画／後期映画――公共圏のトランスフォーメーション」や、渡邉大輔『イメージの進行形：ソーシャル時代の映画と映像文化』などを挙げている。増田展大『科学者の網膜 身体をめぐる映像技術論：1880－1910』青弓社、2017年、P283

＊40　『映像が動き出すとき 写真・映画・アニメーションのアルケオロジー』、P224

たのだ。近代的なアニメーションはこの衝突から登場したと主張することもできるだろう」と語る。[*41]

その後、映画の世界はアニメーションを周辺のジャンルへと追いやり、映画は現実の光景を再現するものだという考えが支配的となった。『マトリックス』は、実写とアニメーションの分岐点となったマイブリッジを参照することで、実写とアニメーションを再び統合したと言えるかもしれない。

『マトリックス』以降、私たちが目にしている映像は、マイブリッジ以降の区分で言われる実写でもアニメーションでもない、「純粋な動くイメージ」なのかもしれない。「まんが・アニメ的リアリズム」を映像で追求した先にあったものは、映画前史のシンプルなイメージの世界だったのだ。

映画前史のシンプルな動くイメージの魅力を二十世紀に引き継いだのは、どちらかと言えば、インデックス性に縛られなかったアニメーションという「辺境」のジャンルだっただろう。だが、『マトリックス』によって再び、実写とアニメーションの区分がない「純粋

＊41　『映像が動き出すとき 写真・映画・アニメーションのアルケオロジー』、P288

なイメージ」の世界が到来することは、押井守がかつて言った「デジタルの地平で、全ての映画はアニメになる」が、現実になるということを意味する。

この純粋な動くイメージの世界では、実写(のような)映像は必ずしも現実の再現を目指す必要はなく、アニメーション(のような)映像も、必ずしもファンタジックである必要はない。すべては創造力次第で、動きもテクスチャーも思いのままだ。『マトリックス』が切り開いたのはそういう映像文化のあり方なのだ。

第3章 フレームレートとテクスチャー

『PUI PUI モルカー』で考えるピクシレーションとフレームレート

『PUI PUI モルカー』（2021年、以下『モルカー』）が大人気である。

本作は、テレビ東京系『きんだーてれび』にて 2021年1月から毎週火曜日の朝に放送されたストップモーションアニメーションだ。各話2分ちょっとの短さながら、内容が濃い。モルモットを車にした「モルカー」の可愛さと、どこかシニカルな視線で描かれた人間の行いのギャップが受けているのだろう。渋滞を引き起こしたり、銀行強盗をしたり、車からゴミをぽい捨てする人間たちの姿に、視聴者は「人間は愚か」との感想を漏らしている。

本作の監督を務めたのは、2018年に東京藝術大学大学院映像研究科アニメーション専攻を修了したばかりの見里朝希《みさとともき》。修了制作として制作した『マイリトルゴート』（2018年）が国内外で高く評価された逸材だ。

本作はフェルト生地のパペットによるストップモーションアニメーション作品だが、一部生身の人間が登場するシーンがある。ご覧になった方はわかると思うが、人間がカクカクとしたコマ撮りのような動きをする。

　本書はアニメーションと実写の境を引き直すことを目的としており、この技法は絶好の題材だ。そこで今回はこの生身の人間をアニメートする技法について考えてみたい。このテクニックは実写とアニメーション双方の特性を含むことから両者の境界の曖昧さを示唆してくれるはずだ。

実写素材をコマ撮りするアニメーション技法

『モルカー』で用いられている、生身の人間をコマ撮りするこの技法はピクシレーションと呼ばれる。現代美術用語辞典によれば、ピクシレーションとは「人間をコマ撮りすることでアニメーションを作る技法。アニメーションは一般的にドローイングや人形などの無生物を撮影することで運動を創造するが、ピクシレーションは人間をコマ撮りの対象とすることで、高速度撮影やコマ抜きとは違ったかたちでそれを行なう」とある。[*1]
『モルカー』の生身の人間の登場シーンは実際にひとコマずつ撮影しているのか、それと

*1　土居伸彰「ピクシレーション」https://artscape.jp/artword/index.php/ピクシレーション（アートスケープ、最終確認日2023年5月28日）

も通常の撮影映像からコマを抜いているのか、見ただけでは判別が難しい。ここではとりあえずその真偽は棚上げにして論を進める。いずれにしても、通常の1秒間24コマの映像とは異なる動きを創造している点は変わりないだろう。

アニメーションとは、広く一般にイメージされているように、絵を動かすものだけを指すのではない。1950年代に「アニメーション映画運動」を先導した批評家のアンドレ・マルタンは、アニメーションの要件を絵であることではなく、コマ撮りによって様々な動きを作りだすことに求めた。故に、コマ撮り対象が絵や人形のような非生物でなくてもアニメーションとなりうる。[*2]

ピクシレーションという技法を有名にしたのは、カナダの映像作家ノーマン・マクラレンだ。マクラレンは、カナダの国立映画制作庁（NFB）の初代アニメーション部門の責任者でもあった人物で、数々の実験的手法の作品を作ったことでアニメーションの歴史に名を刻む人物だ。フィルムに直接絵を描くカメラレスフィルムや、多重露光、カリグラフィ、切り絵によるアニメーションなど様々な手法を試み世界のアニメーション作家に多大

*2 土居伸彰『個人的なハーモニー』フィルムアート社、2016年、P64

な影響を与えたことで知られている。
マクラレンはアニメーションについて「絵を動かす芸術ではなく、動きを描き出す芸術である。」「コマの間に横たわる見えない隙間を操作する」芸術形式なのだと語ったが、その言葉どおりに彼は絵に限らず、あらゆるものを素材に動きを描き出した。[*3]
そんなマクラレンのキャリアの中で最も有名な作品が、ピクシレーションで制作された『隣人』（1952年）という短編映画だ。これは、二人の男が庭に生えた一輪の花を巡って醜い争いを繰り広げる姿を描いた作品だ。ユネスコからアニメーション技術指導のため、中国に派遣された矢先に朝鮮戦争が勃発したことがきっかけで本作の制作をしたそうだが、いつまでたっても争うことを止められない人間の愚かさをストレートに伝えている。[*4]『隣人』の本編はNFBの公式サイトで無料公開されている。観たことのない方はぜひ観てほしい。[*5]

＊3　ノーマン・マクラレン［ジョルジュ・シフィアノス＝編］［土居伸彰＝訳］「アニメーションの定義――ノーマン・マクラレンからの手紙」、『表象07　特集　アニメーションのマルチ・ユニヴァース』月曜社、2013年4月、P68

＊4　登川直樹「ノーマン・マクラレン監督　アニメーション特集　イメージに吹きこまれる生命感・その魔術」、『フィルムセンター43号』東京国立近代美術館フィルムセンター、1977年11月、P11

＊5　『Neighbours』by Norman McLaren https://www.nfb.ca/film/neighbours_voisins/（National Film Board of Canada、最終確認日2023年5月28日）

ちなみに、ピクシレーションは実験映画、ＣＭやＭＶのような短尺の映像の領域でも比較的よく見られる。実験映画の要素を商業映画に持ち込んだ大林宣彦《おおばやしのぶひこ》監督は、長編映画デビュー作『ＨＯＵＳＥ　ハウス』（１９７７年）や自主映画『ＥＭＯＴＩＯＮ伝説の午後＝いつか見たドラキュラ』（１９６６年）などにピクシレーションを用いている。

『隣人』がどのように制作されたのか確認してみよう。[*6] 完成作品を見れば明らかなように全編実写である。しかし、この奇妙な動きは人物をそのまま撮影・記録しただけでは生み出せないのは明白だ。これは、屋外にコマ撮りモーターがついたカメラを持ちだし、役者に瞬間的なポーズを取らせてひとコマずつ撮影している。本作の最も大きな見せ場となっているのは、役者が空中を浮遊しているシーンだろう。これは、役者がジャンプした瞬間をひとコマずつ撮影しているのだが、これを演じた役者は心臓に問題をかかえており、撮影後倒れたらしい。心臓のことをマクラレンは事前に知らなかったそうだが。屋外で撮影を行ったため、太陽や雲の移動、木々のざわめきなどにも悩まされたという。よく見ると

＊6　オリビエ・コット［真賀里文子＋野中和隆＝監修］『コマ撮りアニメーションの秘密　オスカー獲得13作品の制作現場と舞台裏』グラフィック社、２００８年、Ｐ５～19

背景の木々の動きがぎこちなかったり影の動きがつながっていないシーンもある。

本作は基本的にひとコマずつコマ撮りをしているが、ひとコマずつの撮影ではない連続モードでの撮影も行っている。通常の映画の撮影では1秒間に24コマの回転数で連続撮影を行うが、マクラレンは1秒12コマや6コマ、3コマなどの連続モードの撮影も行っているそうだ。『隣人』には24コマで動いているように見える瞬間もあり、コマ数の変化による動きの違いを一本の作品で堪能できる。

『隣人』は明確に反戦的なメッセージを伝える作品だが、マクラレンのキャリアの中ではこうしたストレートにテーマやメッセージを伝える作品は珍しい。本来のマクラレンは映像を生み出す手法や動きそのものに興味を持って様々な手法を考案した人物だ。評論家の森卓也は『隣人』は最もマクラレンらしからぬ作品だと評しているが、[＊7]マクラレン本人は本作を自身のキャリアの中で最も重要な作品と位置付けてもいる。[＊8]人間の愚かさを描いている点で『モルカー』と『隣人』に共通点を見出してもよいかもしれない。『モルカー』で

＊7　森卓也「ノーマン・マクラレンの小宇宙」、『FORUM POUR UNE AVANT-GARDE』アテネ・フランセ文化センター、1972年11月号、P10

＊8　『個人的なハーモニー』、P127〜128

生身の人間が素材として用いられているシーンは、ゴミのぽい捨てなど人間の愚かな行為が描かれることが多い。見里監督はもしかして人間の愚かさを描くためにピクシレーション的な手法が有効だと考えたのかもしれない。ピクシレーションで作られる動きは、人間にある種の滑稽さを与えていることは確かだ。

サイレント映画に似ている『隣人』

ピクシレーションは実写なのにアニメーションだ。一見すると奇妙な物言いである。マクラレンの作品を音楽的な視点から分析した栗原詩子は著書『物語らないアニメーション　ノーマン・マクラレンの不思議な世界』（2016年）でピクシレーションを「実写とアニメーションの二大領域の中間にあるような」手法と書いている。[*9]

中間と書かれると、まるで実写とアニメーションが分かれた世界に属していて、その間にあるものというイメージだが、果たして本当にそうだろうか。ピクシレーションという手法の発見は、むしろ、分かれた世界に見える実写とアニメーションという二つは、実は共通の土台に属することを示唆するのではないか。すこし回り道をしながらこのことにつ

＊9　栗原詩子『物語らないアニメーション　ノーマン・マクラレンの不思議な世界』春風社、2016年、P13

いて考えてみたい。

ドキュメンタリー映画作家として知られる羽仁進は自著『カメラとマイク：現代芸術の方法』（1960年）でマクラレンの『隣人』をこのように評している。

『隣人』はユネスコの委嘱で作られた映画らしく、平和をよびかけているが、全部コマ落しで撮影されている。ちょうどサイレント映画を今の映写機にかけると、人物全部がチョコチョコととびはねて見える。あれと同じ効果が意識して使われて、生きた人間を撮りながら漫画映画のような効果をあげていた。[*10]

羽仁が指摘する、『隣人』の「サイレント映画のチョコマカした動き」は、チャーリー・チャップリンなどサイレント映画時代の映像を見たことがある人ならわかるだろう。

なぜ昔のサイレント映画があのような動きになるのかと言うと、かつての映画は1秒間24コマではなく16コマで撮影されていたからだ。

1秒間24コマで撮影されたものを1秒間24コマで再生すれば、チョコマカした動きには

*10　羽仁進『カメラとマイク：現代芸術の方法』中央公論社、1960年、P112

ならない。同様に1秒間16コマの映像を1秒間16コマで再生してもあのような動きは生まれない。しかし、16コマ映像を24コマで再生すればチョコマカした動きになってしまう。1秒16コマで撮影した映像を、1秒24コマで映写すると、16コマ換算では1秒+0・25秒まで1秒間に表示できることになる。1・25秒を1秒に表示するから、早送りのような動きになるわけだ。ただ、フィルム上映の基本回転数の問題だけでなく、チャップリンらサイレント映画時代の演出家は、演出効果の一環として撮影時にフィルムの回転数を自在に変化させてユニークな動きを創造していた。

これはマクラレンが『隣人』で行った撮影とも近いものがある。『隣人』ではひとコマずつの純粋なコマ撮りの他、1秒間12コマや6コマなどの速度で撮影している。羽仁進が、『隣人』を昔のサイレント映画のようだと評したのは、実際に似たような原理で作られているという点でそれほど不思議なことではない。実際、多くの人が同じような印象を抱くのではないだろうか。

ちなみに、『隣人』はなぜかアカデミー短編ドキュメンタリー賞を受賞している。この作品が脚本のあるアニメーション映画にもかかわらず、ドキュメンタリー賞を受賞してしまうのは奇妙なことだが、それだけこの技法は実写とアニメーションの境界を攪乱するものだという証左ともいえるかもしれない。

なぜ映画は1秒間24コマになったのか

そもそも映画はなぜ1秒間24コマになったのだろうか。

それが自然な動きを記録するのに最も適した数字だから、ではない。むしろ技術的、経済的な理由が大きい。

まず、サイレント映画時代に1秒間16コマという速度が選ばれた理由を確認しよう。ベルギーの物理学者ジョゼフ・プラトーは1829年に発表した研究論文「残像の持続」で、一秒間に起こった一つの動きを16枚の絵で次々と示せば、視覚の残像効果により元の動き同様のものと知覚されると述べている。だがこれは科学的な論証というより経験則にもとづくものだったのではないかという説もあるようだ。[*11]

映画の父リュミエール兄弟も様々なコマ数を試したようで、16コマあれば動くものを見

*11 Norio Kobayashi『映画技術の側面から見た1080/24Pの必然性と将来性』、P59～61、『駒沢女子大学研究紀要』駒沢女子大学、2002年12月

るのに十分と判断したらしい。[*12]だが16コマの上映はチラつきが生じる。人間の目がちらつきを感じなくなるのは、1秒50コマほど必要だそうだが、それでは16コマの三倍近くもフィルムを消費してしまう。そこで一つのコマを映写する度に二回シャッターを開閉することで、16コマを疑似的に50コマ近くあるように見せ、チラつきを抑える映写技術が開発された。

それがなぜ24コマになったのかと言うと、音のせいである。16コマ撮影では音を同期させられなかったのだ。当時のアメリカの電流は60Hzであり、カメラと録音機を同期させるモーターを用いて16コマの回転で録音しても満足な音質が得られなかったが、これを24コマで行ったところ、音質が安定したのだという。今日、映画っぽいと言われる1秒間24コマの映像は、映像そのものの良さを追求したのではなく、アメリカの電気事情と音との同期の問題から生み出されたコマ数だった。[*13]

映写システムは1秒間24コマになっても、やはりチラつきを抑えるために1コマにつき一度のシャッターの開閉を必要とした。一つのコマの間にシャッターを挟めば、疑似的に

*12 『視覚心理入門』、内川惠二＝監修、映像情報メディア学会編、オーム社、２００９年、Ｐ１５３

*13 「映画技術の側面から見た１０８０／24Ｐの必然性と将来性」、『駒沢女子大学研究紀要』駒沢女子大学、２００２年12月、Ｐ63

1秒間48コマになる。これがチラつきを感じさせない50コマに近い数字だったので、これが映画の基準となった。

24コマの「映画っぽい動き」とは何なのか

1秒間24コマの映像は、一般に「映画っぽい」映像だと言われる。しかし、この24コマという数字は映像の品質で選ばれたのではなく、音との同期の問題や経済的な理由で選ばれたものにすぎない。

そして、24コマの映像は我々が肉眼で見ている動きの全てを正確に記録しているとは言い難い。

実写映画で撮影されたフィルムを眺めると、24分の1秒で連続したコマは隙間なく、人物の動きを記録しているかのように見える。しかし、それは歩くなどのゆったりとした動きを撮影した時の話だ。全力で走っている人間を撮影すれば、コマとコマの間の動きが飛んでいるように見える。コマとコマの「間」に本来存在していたはずの動きが欠落している。

マクラレンいわく、アニメーションとは「コマの間に横たわる見えない隙間を操作する芸術」だ。だが、実写映画にも「コマとコマの間に横たわる見えない隙間」は存在する。

では、アニメーションと実写を分け隔てるものとはなんなのか。

「アニメーション映画は実写とは異なる。なぜなら、実写映画はカメラの前で行われる運動を記録し、それをスクリーン上で再生するが、アニメーションにおいては、記録すべき運動は現実において存在していない」。アニメーション研究家の土居《どい》伸彰《のぶあき》氏は『個人的なハーモニー』（2016年）でそう記述する。[*14]

実写映画を「記録性」に依拠して記述するのは、映画理論家アンドレ・バザンが提唱した理論に基づいている。実写は運動の記録で、アニメーションは運動の創造。これは、多くの人も概ねそう考えているのだと思う。アニメーションは、現実の運動の記録ではないという点は筆者も同意する。だが、もう一方の実写は運動を記録するという点は、再考の余地があると思っている。1秒間24コマの撮影は本当に現実を記録できているのだろうか。

近年、1秒間24コマ以上のフレーム数で撮影された作品が次々と登場している。ピーター・ジャクソン監督の『ホビット　思いがけない冒険』HFR（ハイフレームレート）版（2012年）は1秒間48コマで上映され、より滑らかな映像を提供する。アン・リー監督の『ジ

*14 『個人的なハーモニー』、P72

エミニマン』(2019年) はさらに多く120コマだ。秒間のコマ数が多ければ多いほど、撮影された動きは正確に記録され、現実に近づいているはずだ。しかし、それらの映像は「映画っぽくない」と評されることも多い。[*15]

しかし、記録性という点ではコマ数が増えたほうが正確さは断然増すはずである。実写映画が記録性に依拠するのであれば、なぜ24コマ以上の動きは「映画っぽくない」のか。それは、我々が24コマに慣れすぎているからなのか、それとも別の理由があるのかはわからない。

ただ一つ言えることは我々が実写映画だと思って普段見ているものは、肉眼で見る動きとは異なる動きだということだ。それは、正確な動きの記録ではなく、多くの人に「映画っぽい」と感じさせる、「創造された」動きだということだ。

そもそも、運動を記録するとはどういうことなのだろうか。映像とは、どこまで分解しても静止画の連続である。どれだけコマ数が増えようとも、かならずコマとコマの間の隙間が生じる。運動の一瞬は静止画として記録可能だったとしても、動きそのものを正確に

*15 永井光晴「〝映画らしさ〟とは何か? 一石投じた『ジェミニマン』120/60/24fps上映、全部観た」https://www.phileweb.com/news/d-av/201911/09/48908.html(PHILE WEB、最終確認日2023年5月28日)

記録することなど本当にできるのだろうか。

映画の動きはそもそも現実とは異なっているという点に注目する姿勢は実験映画の領域ではしばしば見られる。実験映画作家の太田《おおた》曜《よう》は、24コマの映像が現実の記録だというのは、ある種の幻想なのだと語る。

スクリーン上に作られた〝見かけの動き〟は、現実に見ている〝動き〟と同じものではない。もっとも、映画を誕生させたエネルギーの重要な部分が〝動きの記録再現〟であったこともあり、スクリーン上の〝見かけの動き〟は〝記録〟された〝現実の動き〟が〝再現〟されているものだと普通は考えられている。あるいは、映画を見る行為は既に、スクリーン上で展開している有色の光の明滅と反射は〝現実の動きが記録再現されたものだ〟という前提を受け入れる、という姿勢を含んでいるのかもしれない。[*16]

*16 「INCORRECT CONTINUITY」 http://www.tokyo100.com/ota/works/19.html（実験映画作家　太田 曜 ─ 作品、最終確認日2023年5月28日）

要するに、映画とは、とりあえず24コマで運動が記録・再現できていると敢えて信じることで成り立っているということだ。しかし今日、我々は24コマ以上で記録された映像があることを知っている。

我々は24コマで撮影されたものを、本当は創造された動きであるにもかかわらず、現実を記録・再現したものとして思い込んでいるだけなのではないか。実写映画が記録の再現ではなく、創造された動きなのだとしたら、我々が実写と思い込んでいる映像もまたアニメーションの一種と言えるのではないか。

乱暴な物言いをしてしまえば、24コマの実写映画とは、1秒間24コマで構成されたピクシレーションと言えるかもしれない。なぜなら、24コマで現実にはない動きを創造しているのだから。実写映画の運動の記録性が幻想であれば、ピクシレーションの技法のもとに、アニメーションと実写を分ける境界は存在しない。

だとすれば、全ての映画はアニメーションであると言えてしまうのではないだろうか。一般に思われているように、実写とアニメーションは異なる世界のものではない。全ての映画はアニメーションであり、その広大な映画（＝アニメーション）において、特定の動き方と素材を用いた（24コマで現実の動きを撮影した）作品が実写映画と呼ばれているに過ぎなかったのではないか。ならば、既存の映画と呼ばれていたものたちは、随分と狭いところに押し込められていたように思える。全ての映画をアニメーションと定義することで、閉じ込められていた映画の可能性はもっともっと多彩で豊かなものになる。筆者はそんな気がしているのだ。

モーションキャプチャとテクスチャー『攻殻機動隊 SAC_2045』

近年の大作ハリウッド映画の背景は、CG合成が多くを占める。それらの作品では、役者はたくさんのシーンをグリーンバックを背に演技しており、役者の肉体と衣装以外で画面に映るものは、カメラで現実を切り取った文字通りの「実写映像」とは言い難いものになっている。

それでもそれらの作品群を、私たちは「実写映画」と呼んでいる。画面上のほとんどの要素が、精巧に現物に擬態化したデジタル絵であっても本物と見分けがつかないし、少なくとも肉体を持った役者はカメラの前に存在している。ハリウッドが役者の肉体をカメラで収めることをいまだ放棄していないということは、現在、実写を実写たらしめる要素は、役者の肉体ということになるのだろうか。

では、役者の肉体運動をデータ化するモーションキャプチャで制作された映像は、実写映像と見なし得るだろうか。例えば、神山健治&荒牧伸志監督の『攻殻機動隊 SAC_2045（2020年、以下 SAC_2045）』や『ULTRAMAN』（2019年）は、全編モーションアクターが実際に芝居している。しかし、『SAC_2045』を観て、実写っぽいなと思う瞬間はあっても、実写作品だと考える人は少ないだろう。

とはいえ、あの作品は一般的なアニメーションとも異なる感触を与えるので、「何を観たんだろう」という奇妙で新鮮な気分が残る。これは実写なのか、アニメなのか、よくわからないがゆえに評価軸を持てないままの人もいるかもしれない。

実写映画のように役者に芝居をさせているのに、実写映画と異なる感触を与え、アニメ的なルックだがアニメともやはり少し違う。この感触のズレはどこから来るのか。

映像を構成するものは、画面に映るテクスチャーと運動だ。ならば、この二つと作り方の違いを検討することで、『SAC_2045』のような作品の正体を突き止めることができるかもしれない。

本論では、デジタル時代の映像を、(1)作り方、(2)テクスチャー、(3)運動の観点から整理しなおすことで、改めて実写とアニメーションの違いと同一性について考えてみたい。

「実質アニメーション」なハリウッド映画

伝統的な実写映画作りのプロセスは、三つの段階に分けられる。プリプロダクション、撮影、ポストプロダクションだ。撮影前に脚本や絵コンテを書き、キャスティングやロケハン、必要な小道具などを作るのがプリプロダクション、そして、撮影で得られた素材を編集して映画として磨いていくのがポストプロダクションだ。

撮影は、ロケーションやセットで役者が演じるところを撮っていく。ロケ場所の都合や、その場で思いついたアイデアも適宜盛り込みながら、条件が許す中でより良い素材を撮っていく。絵コンテは用意する場合も用意しない場合もあり、絶対の指針としては機能しない。あくまでカメラの前の現実にあった「痕跡」を記録しているのが映画であると言われてきた。

対して、伝統的なアニメーションの製作は、演出家の用意した絵コンテが映画全体の設計図となる。同じキャラクターであっても、カットごとに別々のアニメーターが描き、さらに、背景とキャラクターも別々に描かれるため、統一的なビジョンが必要とされるからだ。

アニメーション演出において絵コンテは最も重要なものと言われる。神山監督は「アニメの場合「画コンテ」の段階でほぼ完成映像と同様の演出プランを提示しておかなければならない」[*17]と語っており、プリプロダクションの段階で完成映像を緻密にイメージし、その通りに仕上げねばならない点が、作り方のプロセスにおける実写とアニメーションの大きな違いだ。端的に言うと、実写とアニメーションでは、アドリブや偶然の要素が入り込む余地の幅が異なる。実写の現場の方がアニメーションに比べてはるかに多くの偶然の要素に支えられている。

本書の第2章ですでに『シン・エヴァンゲリオン劇場版𝄇』（2021年）の時、庵野秀明監督が従来の絵コンテ主義的なアニメ制作からの脱却を図っていたことは紹介した。具体的には、モーションキャプチャを導入し、実写の作り方を参考に一部の制作プロセスを改良したのだ。

『SAC_2045』と『ULTRAMAN』の両作品は、全編をモーションアクターに演じさせている。絵コンテも用意されているが、それに縛られすぎずに、ある意味伝統的な実写の撮影のように、生身の肉体を前に監督が演技指導しその場で動きを作っていると神山監督は語っている。

*17 神山健治『映画は撮ったことがない ディレクターズ・カット版』講談社、2017年、P37

〔中略〕アクションも含め芝居のシーンは、すべて役者さんに本当に演じてもらっているんですよ。

読み合わせを何度もやっていて、呼吸や間というのもアクターが演じた演技をそのまま使っています。そこに生っぽさが出ているんじゃないかなと。[*18]

荒牧監督は、『ULTRAMAN』以前からこの手法で作品を作り続けている。2004年公開の初長編作品『APPLESEED』の段階でモーションキャプチャを導入しており、この手法の第一人者と言っていいだろう。この手法は、従来のアニメーション製作とは異なる感覚を制作者たちに与えているようだ。2014年の『アップルシード アルファ』の時のスタッフ座談会がそれを端的に示している。

河田　僕ももう、荒牧とは長いつきあいになるんですけど、彼のことをアニメ畑の人だ

---

*18　石橋悠「アニメ『ULTRAMAN』神山健治監督＋荒牧伸志監督インタビュー」https://www.animatetimes.com/news/details.php?id=1553842418（アニメイトタイムズ、最終確認日2023年5月28日）

と思ったことはないんです。どちらかといえばハリウッド映画的な、実写映画の人だとずっと思っているんです。

〔中略〕

荒牧 やっぱりモーションキャプチャーで役者さんの演技を撮ることが前提にあって、そこは大きいんじゃないかと思いますね。レイアウトは絵コンテで固めるんですけど、細かい芝居はキャプチャーのときに役者さんに考えてもらうし、こちらからも指示を出す。そういう考え方になっているのかな、と。

〔中略〕

松本 逆にコンテでカッチリと仕上げて、それにあわせた演技を役者さんにやってもらおうとすると、どうしてもぎこちなくなっちゃうんですよね[*19]（笑）。

『SAC_2045』と『ULTRAMAN』では、モーションアクターの名前が役を演じた人物としてクレジットされている。それは、アクターの動きがキャラクターを表現する上で重要だ

---

*19 「SHINJI ARAMAKI CREATOR'S NOTE CREATORS'TALK　荒牧伸志×松本勝×河田成人」、『アップルシード・アルファ』ブルーレイ・ディスク特典、アニプレックス、2015年、P73

からだ。実写映画同様、だれをキャスティングするのかも演出として重要な要素なのだ。

荒牧 ［中略］今回、モーションキャプチャのアクターを役名付きでクレジットしているのは、すごい動きをしてくれたからではなく、キャラクターやシーンの意味も踏まえた上で、シーン丸ごとその場で演じてくれたことへの感謝と敬意を込めたからです。[*20]

荒牧監督はフル3DCG映画『スターシップ・トゥルーパーズ インベイジョン』（2012年）の制作時には、わざわざモーションアクターにアメリカ人キャストを起用している。日本人の仕草とアメリカ人の仕草にはどうしても違いがあるからだ。この作品のモーションアクター陣の中に、たまたま結婚予定のカップルがいたというエピソードは、モーションキャプチャによる芝居作りのメリットが端的に表れている。

＊20 西尾泰三「神山健治×荒牧伸志両監督に聞く、「ULTRAMAN」からにじみ出る〝特撮感〟と〝オールドスクールなこだわり〟」https://nlab.itmedia.co.jp/nl/articles/1904/01/news114.html（ねとらぼ、最終確認日2023年5月28日）

ラブシーンで男女が仲良くなるシーンを撮らなくてはならなかったんですが、たまたま選んだ6人の男女の中に偶然来月結婚式を挙げるというカップルがいるということが選んだ後から判明しまして。〔中略〕こっちは顔を近づけて抱き合うくらいでいいと思っていたのに、何にも言わないでブチュッとキスまでしちゃって「あーもーそこで終わり終わり」みたいなことも含めて臨場感のあるシーンが画面にも反映されて良かったかなーと思います。[*21]

では、現在のハリウッドの大作映画はどう作られているのか。画面における3DCGの比重が大きい昨今の作品では、あらかじめ3DCGと役者を合わせた完成映像の設計図を緻密に組み上げる必要がある。いわゆる「プリヴィズ」と呼ばれる動く絵コンテの発展形のようなものを作り、撮影もCG制作もその設計図通りに行うことが通例となっており、撮影現場でアドリブや偶発性が入り込む余地は少なくなる。

荒牧監督は今のハリウッド映画の作り方を以下のように端的に説明している。

＊21　是枝久美子「『スターシップ・トゥルーパーズ インベイジョン』荒牧伸志監督に聞く」、『映画テレビ技術』2012年8月号、日本映画テレビ技術協会、P36

例えば、『アベンジャーズ』はNYの街でバトルをします。多くの人があれはNYで撮っていると思っていますが、実際には全部CGです。実写は全体の1／3くらい。NYを丸ごとCGにしていて、その中にCGでアクションを作っていると考えていただくのがいいかもしれません。

［中略］

『ゼロ・グラビティ』にジョージ・クルーニーとサンドラ・ブロックが出ていますが、本当にでているのは顔だけ。身体は全部CGです。彼らがスタジオに来る前に、別の俳優がモーションキャプチャーをして、体は全部作ってあり、最終的に表情のところだけジョージ・クルーニーとサンドラ・ブロックが演じて、合成したのです。[*22]

*22 堀木三紀「劇場版長編フルCG映画『スターシップ・トゥルーパーズ　レッドプラネット』荒牧伸志監督、松本勝監督インタビュー」、『映画テレビ技術』2018年2月号、日本映画テレビ技術協会、P26

そういう作り方のハリウッド映画を、神山監督は「実質アニメーション」だと言う。[*23] 作り方という点で、アニメーションと実写は限りなく接近しており、部分的にはすでに変わりがない。「いずれすべての映像作品の製造方法は、なんらかのフォーマットに画一化される日が来るのかもしれない」と神山監督は2006年の時点で発言しているが、それは的を射ていた。[*24]

フル3DCGのテクスチャーの可変性

作り方の接近はおのずと、実写とアニメーションの感覚が近づくことを意味する。だが、私たちは両者を現に区別して鑑賞している。実際、『ULTRAMAN』を観て「これは実写だ」と思ったり、『アベンジャーズ』（2012年）を観てただちに「アニメだな」と思ったりしていないはずだ。

＊23　廣田恵介「「何が、アニメをアニメたらしめているのか?」――「スター・ウォーズ」「ブレードランナー」「ロード・オブ・ザ・リング」など、超大作企画にもまれる神山健治監督からの問いかけ【アニメ業界ウォッチング第82回】」https://akiba-souken.com/article/52741/（アキバ総研、最終確認日2023年5月28日）

＊24　『映画は撮ったことがない　ディレクターズ・カット版』、P38

『アベンジャーズ』と神山&荒牧監督が作った直近の二作を比べれば、表面のテクスチャーが異なることは一目瞭然だ。神山監督は、実質的には(作り方としては)3DCGアニメーションと化しているマーベル作品は、極めて現実と見分けのつかない緻密なテクスチャーにすることで、アニメと住み分けているのだと語る。[*25] ディズニーの2019年の映画『ライオン・キング』は、動物のキャラクターも背景も全てフル3DCGで作られた作品だったが、実際の動物と見分けのつかないレベルのキャラクターを再現し、「超実写」という奇妙な言葉で宣伝された。この単語が何を指すのかはいまいち判然としないが、現実と見分けのつかない3DCG映像を見た時、私たちはそれをアニメーションとは認識しないということは言えるかもしれない。

翻って、『SAC_2045』や『ULTRAMAN』のキャラクターのテクスチャーは、『ライオン・キング』とは異なり、セルルックと呼ばれるアニメ的なルックとフォトリアルの中間的な印象だ。

*25 「「何が、アニメをアニメたらしめているのか?」――「スター・ウォーズ」「ブレードランナー」「ロード・オブ・ザ・リング」など、超大作企画にもまれる神山健治監督からの問いかけ【アニメ業界ウォッチング第82回】」 https://akiba-souken.com/article/52741/

この二作のCGを制作しているのは、荒牧監督が率いるSOLA DIGITAL ARTSだ。この会社は、以前にはもっとフォトリアルなフル3DCG作品を制作している。2012年の『スターシップ・トゥルーパーズ インベイジョン』、2014年『アップルシード アルファ』、2018年の『スターシップ・トゥルーパーズ レッドプラネット』などだ。これらの作品は、『SAC_2045』などと同様の制作手法だが、より実写の手触りに近いテクスチャーで制作されている。

3DCGの本来の魅力は、絵柄やテクスチャー選択の自由度にある、と荒牧監督は言う。

フルCGではいろんな絵柄にチャレンジできる楽しみがあります。実写っぽいルック（見栄え、見え方）にもできるし、アニメっぽいルックにもできる。その選択肢の多さを自分は面白いと思っているし、またこういう作品のオファーがあればフルCGで作ってみたいと思います。[*26]

＊26　ハリウッド初　フルCG映画『スターシップ・トゥルーパーズ インベイジョン』荒牧伸志監督インタビュー　https://www.animatetimes.com/news/details.php?id=1342448532（アニメイトタイムズ、最終確認日2023年5月28日）

神山監督の2012年のフル3DCG映画『009 RE:CYBORG』は、『SAC_2045』や『ULTRAMAN』よりも手描きアニメに近いルックの作品だ。一口にセルルックと言っても様々なレイヤーがあり、作品に応じて最適な選択をできるのが、3DCG作品の強みなのだ。

このようなテクスチャー選択の自由は実写映画にはないし、従来の手描きアニメでも容易ではない。実写とアニメの中間領域に存在する膨大なテクスチャーの選択肢を、神山監督と荒牧監督は自在に選択して作品を作っている。

現実を模倣するだけがCGの表現ではない。むしろ、可変性にこそCG本来の魅力がある。ハリウッド映画は「実写」という形式で制作するためにリアルでなければならず、テクスチャーの選択肢が制限されているとも言える。

実写とアニメの運動の省略と創造

日本アニメは動きを省略していると言われる。それは、通常の映像が1秒24コマであるのに対して、日本のアニメの多くが、同じ絵を3コマ連続で使い、実質1秒8枚の絵で構成されることを指す（同じ絵を3コマ写すので3コマ打ちと呼ばれる）。その手法はリミテッド・アニメーションと呼ばれ、1秒24コマや12コマで描かれるアニメーションはフル・アニメーションと呼ぶ（リミテッドという単語は作画枚数ではなく、本来は制作者の意図で強調したものだけを動かすことを指しており、手数の省略が本質ではない。また、日本アニメは必要とされる動きに応じて絵の枚数は調整されるので、フルとリミテッドは対立概念ではない）。

それを「フル」と呼ぶのは、映像が1秒24コマであるという前提に立っているからだ。しかし、今日のデジタルシネマカメラは、1秒240コマのハイスピード撮影すら可能だ。それに比べれば24コマもまた大幅に動きを省略しているともいえる。アン・リー監督の『ジェミニマン』は全編1秒120フレームの映像で作られている。見慣れないその映像は多くの観客に「映画っぽくない」という印象を与えたが、現実を切り取った映像であることは間違いなく、むしろ現実の記録という点ではフレーム数が多ければ多いほど、記録の正確性は増しているともいえる。

フレームレートを変えるだけで、運動の印象は劇的に変わる。ハイスピード撮影は、現在の実写映画、とりわけアクション映画のようなジャンルでは欠かせないものになっている。ハイスピードのフレームレートで撮影しておいて、編集段階でフレーム数を調整する演出は日常茶飯事に行われている。アニメの作画の「タメ詰め」の考えとほとんど同じだ。

もちろん、『るろうに剣心』の項で、阪東妻三郎のチャンバラの撮影の工夫を紹介したように、デジタル以前の時代から魅力的な運動を生み出す様々な工夫があった。

フランスの映画批評家アンドレ・バザンは、『映画とは何か』（1958〜1962年）で、映画の本質は、写真の「本質的な客観性」を時間の中で完成させたもの、つまり「運動の記録」にあるとした。[*27] 写真が本当に「本質的に客観的」かどうかという議論もあるが、とりあえずそれを前提としても、「運動の記録」が本当に可能かどうか、そして実写映画は本当に客観的に運動を記録してきたのかは、再考すべき点だろう。静止画をどれほど集めれば、真の意味で運動の記録は叶うのか。それはだれにもわからないのではないか。

『SAC_2045』と『ULTRAMAN』は、セルアニメ的なテクスチャーで、モーションアクターの動きを基に、1秒24コマでキャラクターが動く。アニメーションでは24コマでの動きを「フルコマ」と呼ぶ。しかし、上記のデジタルカメラでの例を考えると、そもそも何が「フル」なのかよくわからなくなってくる。シネマのデジタル化は、1秒24コマという映像を前提に再考を迫っている。

＊27 アンドレ・バザン［野崎歓＋大原宣久＋谷本道昭＝訳］『映画とは何か（上）』岩波文庫、2015年、P15〜21

「フルコマ」という呼称の妥当性はここでは議論しないが、神山監督と荒牧監督がこの二作品で、1秒24コマを選び、生身の肉体の微細な揺らぎも含めて映像に反映させることで、従来のアニメとは異なる印象を作りだしている。

神山 ［中略］今回は、3DCGでモーションキャプチャを使う前提を最大限に生かし、どういう面白い作品が作れるかが〝攻めた〟部分で、アニメなのかと問われると、アニメじゃないかもしれません。でも何かちょっと変わった映像ができたことを面白がっていて。そこに行くには振り切らないといけない、だからなるべくそっちに行ってみようと。最初はコマを抜いて2コマで動かすことでアニメっぽい動きに挑戦しようとしたんですが、結果的に一番いいのはフル（コマ）で表現することだなと。*28

一方、神山監督の『009 RE:CYBORG』は、上述の引用で言及されるような「アニメっ

*28　「神山健治×荒牧伸志両監督に聞く、「ULTRAMAN」からにじみ出る〝特撮感〟と〝オールドスクールなこだわり〟」https://nlab.itmedia.co.jp/nl/articles/1904/01/

ぽい動き」を作っている。『SAC_2045』や『ULTRAMAN』は、セルルックにアニメっぽい動きという組み合わせではなく、セルルックに実写映画の動きという組み合わせに挑んだわけだ。テクスチャーと運動の組み合わせのバリエーションが豊富であることが、3DCGの真の利点と言えるのではないか。

テクスチャーと運動の四つの組み合わせ

テクスチャーと運動の組み合わせは、ざっくり以下のような四つのパターンにまとめることができるだろう。

①リアルなテクスチャーでコマ数が多い
②リアルなテクスチャーでコマ数が少ない
③非リアルなテクスチャーでコマ数が少ない
④非リアルなテクスチャーでコマ数が多い

これを、縦軸にテクスチャー、横軸に運動の違いとして表にまとめると、この記事で挙げた作品群は下記の図のようにマッピングできる。

各作品の位置については、筆者の独断でざっくりとマッピングしているので、「まあ、大体この辺りだろう」くらいの感じで見てほしい。それに同じ作品の中でもシーンごとにコマ数は変わるし、キャラクターは非リアルで、背景はリアルという場合もある。それらを考慮すると、本当はタイトルごとではなく、シーンごと、要素ごとに分類した方が良いのだが、わかりにくい表になってしまうので、各タイトルの全体の印象による便宜上の分類だと思ってほしい。

ほとんどの実写映画は①に属する。そして、日本アニメの多くは③に入る。そして、『ULTRAMAN』や『SAC_2045』のような作品は④に入るだろう。ちなみに、ディズニーやピクサーの3DCG作品は、人形風のキャラクターデザインをベースに考えると④に属すると思われる。

そして、荒牧監督が過去に製作した、『アップルシード アル

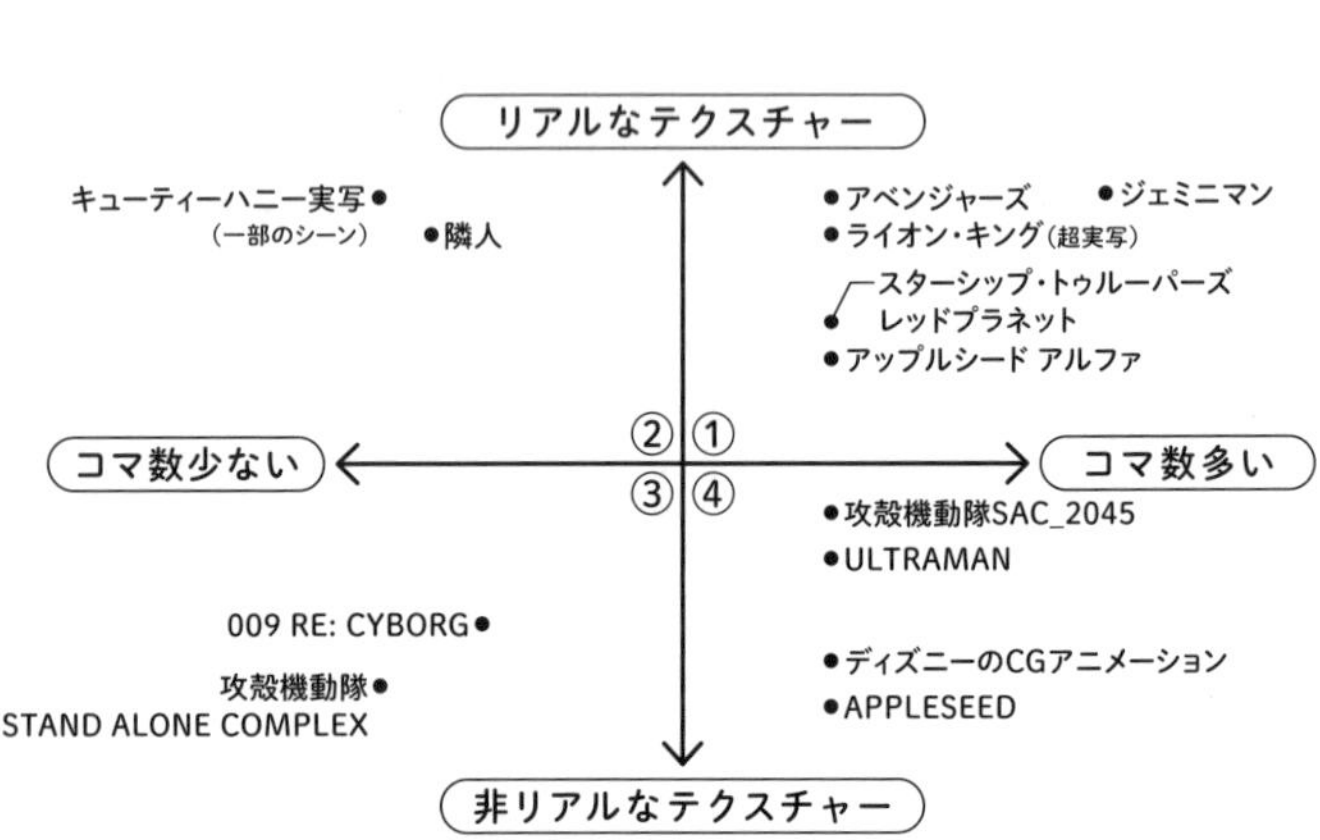

ファ』や『スターシップ・トゥルーパーズ　レッドプラネット』は、①の実写と同じ象限に入るだろう。しかし、テクスチャーのリアルさで生身の俳優をカメラに写す実写映画とは差がある。②はほとんど未踏の領域だが、庵野秀明監督の『キューティーハニー』（2004年）の一部のシーンや「ピクシレーション」と呼ばれる手法で作られた、ノーマン・マクラレンの『隣人』（1952年）はここに属する。

デジタル技術の発展は、映像作品のテクスチャーと運動の組み合わせをこれだけ自由にしているわけだ。この自由が荒牧監督のいう、3DCGの面白いところなのだろう。

ハリウッド映画は「実写」という建前なので、これだけ広大な選択肢の中で、①の象限に縛られていると言えるかもしれない。ここを外れてしまうと、世界中の観客が見慣れた「実写」の感触から外れてしまうからだ。ディズニーやピクサーも右下の領域で作品を作り続けている。

神山監督は、この象限をかなり自由に飛び回って作品作りを実践している。短編の実写映画を監督したこともあるので、①の象限にも作品を発表している。四つの象限中、三つの象限を経験しているのは、実験映像の作家ならいざ知らず、商業映画作家としては珍しいのではないか。

こうしてみると、「実写」にこだわるのは不自由な気もしてくる。題材ごとに最適なテクスチャーと運動の組み合わせがあるはずで、それは必ずしも①の象限とは限らないはずだ。神山監督と荒牧監督の試みは、そんな問いかけとして機能していると筆者には思える。同時に、日本のアニメも③の象限に固執せず、もっと広い可能性を模索してもいいのかもしれない。ブルーオーシャンである②の象限を追求する作家がもっと増えてもいいだろう。

だが、この自由は、観客の感性や作り手の慣習に大きく依存するものでもあるだろう。神山監督は、そのことに自覚的だ。それは以下の発言でよくわかる。

「CGで何かアニメ的な映像をつくっていれば、それでいいのではないか？」と思っていた時期もあります。荒牧さんはCGでつくっているんだから、「アニメでも実写でもない見たことのない何か」をつくりたいのかもしれません。だけど僕に言わせれば、その〝見たことのない何か〟は、何物でもない。誰も見たことのないものは、存在しないと思っています。強いて言うなら、そこが僕と荒牧さんの唯一の齟齬（そご）なのかな。僕たちがつくっているのはアニメなのか、実写になろうとしている途中の成果物なのか、それを決めようよ……と葛藤していたのが、この3年間でした。

［中略］

マーベル映画だと、実質的にはCGアニメなんだけど、緻密なテクスチャを作りこむことで、実写映画としてアニメと住み分けをしている。「どこからがアニメなのか」という、お客さんにわかりやすいルール設定が肝心なのだと思います。

日本のCGアニメは、そこまでのルールが確定できていないと感じています。セルルックのCGにすると、今度は作画のアニメと比べられてしまう。たとえばモーションキャプチャーを使ってセルルックにすると、どうして気持ち悪いのか。コマを抜いて作画に近い動きにするのか、それとも動きはリアルなままにするのか、セルルックなりのルールを提示すべきではないかと思うんです。[*29]

＊29　「「何が、アニメをアニメたらしめているのか？」——「スター・ウォーズ」「ブレードランナー」「ロード・オブ・ザ・リング」など、超大作企画にもまれる神山健治監督からの問いかけ【アニメ業界ウォッチング第82回】」
https://akiba-souken.com/article/52741/

神山監督は、このルールを策定するためにテクスチャと運動の組み合わせの試行錯誤を繰り返しているのかもしれない。

だが、ルールを定めて領域を固定すれば、それ以外の表現の可能性を摘むことにもなる。それはそれでもったいないと筆者は感じてしまう。写真のインデックス性に縛られることなく、コマの数の制約もなく、より自由な発想で映像を拡張できる可能性が、神山監督や荒牧監督の挑戦にはあると思うのだ。

それはもしかしたら、商業作家よりも実験映像作家の領分かもしれない。だが、神山監督ははからずも、同時代のどの商業映画作家よりもこの四象限を自由に飛び回っている。それが、神山健治を特別な作家に押し上げている要因だと筆者は思うのだ。

神山監督の言う「観客にわかりやすいルール」は、私たち観客の鑑賞眼によって大きく左右されるはず。映像の可能性は、作家だけでなく観客の手にも委ねられているのだ。

48と24『アバター：ウェイ・オブ・ウォーター』

実写とアニメーションの境界は、今日の映像世界では限りなく曖昧になっている。ジェームズ・キャメロン監督の『アバター：ウェイ・オブ・ウォーター』（2022年、以下、『アバター：WoW』）は、その究極だ。この映像を何と呼ぶべきだろうか。「面白ければ何でもいいだろ」と思わなくもないのだけど、「パンドラ」という未知の世界を創造したこのシリーズは、映像のあり方についても新たなステージを示していると言える。

本作は、パンドラと呼ばれる惑星に生きるナヴィと呼ばれる種族の物語だ。一作目の『アバター』（2009年）で地球人だった主人公ジェイク・サリーは、今作では終始ナヴィ族として活動する。すでに生まれた時に持っていた肉体は捨て去り、魂だけをナヴィの肉体（アバター）に移して生きているわけだが、この外見の可変可能性を示唆する物語そのものが本作の制作方法とリンクしている。技術とナラティブが一体の作品であり、この物語を語るには、この技術であるべきだという信念がキャメロンにはあったのではないか。

ならば、制作方法を詳しく検討していかなければ本作を正しく理解することは難しい。

人間とナヴィ、両界の境界に位置する主人公同様、本作は実写とアニメーションの境界上に位置しているように見える。そして、いよいよ両者の差異を論じること自体を無意味にする作品が生まれたと言えるかもしれない。

モーションキャプチャはオスカーによると「アニメーションではない」？

本作は、よく知られているようにモーションキャプチャが用いられている。俳優の動き、表情変化まで細かくデータ化して、３ＤＣＧキャラクターに反映させるこの技術自体は、今日では実写作品でもアニメーション作品でもたくさん活用されている。

本作についても、様々なメイキング映像や専門家による解説がすでに出ているので、詳しい技術的説明はそれらに譲りたい。ここで論じたいのは、モーションキャプチャという技術はアニメーション技術か否かだ。

十三年前の前作『アバター』も今回同様、モーションキャプチャを駆使して制作された。モーションキャプチャという技術で制作された作品が、アニメーションなのかという議論は、十三年前のアカデミー賞にとって大きな関心の的だったと考えられる。アカデミー賞長編アニメーション部門にノミネートされるためには、いくつか条件を満たさねばならない。『アバター』とモーションキャプチャについて考える時には、これが示唆を与えてくれる。以下は、アカデミー賞の公式ルールから長編アニメーション部門エントリーの条件をリスト化したものだ。

1：運動とキャラクターのパフォーマンスが「frame-by-frame（コマ撮り）」のテクニックで作られていること

2：手描きに限らず、コンピューター・アニメーション、ストップモーション、クレイ（粘土）アニメーション、ピクシレーション、切り紙アニメーション、ピンスクリーン、コマ撮りのカレイドスコープなど、様々な手法が対象となる

3：モーションキャプチャとパペット操作を駆使しているだけではアニメーションとは見なさない

4：40分以上の作品が長編、それ以下の長さの作品は短編となる

5：アニメーションパートが全体の75％以上でなくてはならない

6：主要キャラクターがアニメーションで描かれていなくてはならない

7：実写と見間違うような映画的なスタイルで制作された作品の場合、実写ではな

くアニメーション作品であることの根拠となる情報を提出すること[＊30]

ルールの三番に、モーションキャプチャで作られた作品はそれだけではアニメーションの条件を満たさないとある。これにならい、『アバター』は大部分がモーションキャプチャを駆使した作品だったにもかかわらず、アニメーション部門にノミネートすることなく作品賞本選の有力候補となった。

実はこの三番のルールは、『アバター』公開の年に新たに設けられた条件だ。この新ルールが『アバター』のために設けられたかどうかはわからない。だが、２００７年開催のアカデミー長編アニメーション賞を受賞したのは、モーションキャプチャを活用した『ハッピー フィート』だった。アカデミー賞の長い歴史でアニメーション作品が作品賞を受賞したことはない。アニメーション映画であっても作品賞ノミネートは可能で、実際にいくつかの作品が過去にノミネートしているが、賞レースでは苦戦する。その意味で、『アバタ

＊30 「94TH ACADEMY AWARDS OF MERIT」
https://www.oscars.org/sites/oscars/files/94aa_rules.pdf
（the Academy of Motion Picture Arts and Sciences、最終確認日２０２３年5月28日、日本語訳は筆者によるもの）

ー』はこのルール変更でアニメーション映画と見なされずにすんだので、作品賞レースを戦いやすくなったのは確かだろう。

モーションキャプチャによる演技作りは、生身の俳優の芝居を基に制作する。その意味で、コマ撮りテクニックとは異なるため、アニメーションではないというのが適切かもしれない。だが、前作当時の技術では、実際には俳優から得たデータだけでナヴィの演技を構成できたわけではない。実際にスタッフはこう証言している。

「キャプチャーした表情の演技を、そのままぴったりキャラクターにはめ込めるというのが、誰もが思い描く理想です」アンディ・ジョーンズは言う。「でも、実際にはそんなことはあり得ません。アニメーターが特に重要な役割をはたすのは、フェイシャル・キャプチャーで見落とされた唇の震えや眉毛のわずかな動きなどのディテールを見つけ出し、付け加える時です[*31]」。

十三年間でモーションキャプチャ技術も進化し、『アバター：WoW』の制作ではアニメ

*31 ジョディ・ダンカン「魅了される現実」、『Cinefex』日本版、number 16 April, 2010、株式会社ボーンデジタル、P63

ーターの手作業に頼らざるを得なかった部分もより微細な動きまで反映させることが可能になっていると思われる。その意味で、モーションキャプチャ技術は、ますます正確に生身の俳優の動きをトレスできるようになったことで実写の芝居作りに近づいただろう。

それでも、ナヴィは人間と身体の作りが異なる。わかりやすい部分では、尻尾ととんがった耳だ。これらの動きにもキャラクターの感情が反映されている。緊張するシーンでは、耳が立つし、ソワソワしているシーンではしっぽの動きがせわしくなる。これらの身体パーツは、人間と異なる部分だけに動きがかなり目立つ。耳の位置が人間よりも高く、目と同じ高さにあるために目線を合わせると必ず耳も視界に入ってくるので、観客にとってキャラクターの感情を読み取る重要なパーツになっている。

これらの人間には存在しないパーツの動きはほとんどCGアニメーターたちの作業で作られていると思われ、その意味で、ナヴィの芝居は俳優の力だけで構成されているわけではない。俳優たちの動きとアニメーターのセンスのハイブリッドで構成されているというべきだろう。

『アバター：WoW』は、アニメーション映画として考えられてはいないだろうが、その芝居作りにはアニメーションの要素が確実に入り込んでいる。本作は、前作以上に生身の人間の登場数が少なく、メインキャラクターの大半がナヴィだ。その意味で、メインキャラクターたちの芝居の多くの部分をアニメーターもまた担っているのである。

モーションキャプチャと『アバター』のテーマ的関係

モーションキャプチャの活用は、そのまま本作の物語のメタファーにもなっている。裏で使われている技術がメタファーというのは、おかしな言い方かもしれない。むしろ、物語がモーションキャプチャのメタファーと言うべきか。

本作は、車椅子生活だった地球人のジェイク・サリーが、その身体から精神データを取り出しナヴィの肉体へ乗り移る物語だ。モーションキャプチャとは、人間の動きをデジタルデータ化し、3DCGキャラクターに当てはめる技術である。モーションキャプチャという技術は、「肉体の乗り換え」という点で本作の物語と共通点を持つ。

前作は、ジェイクが地球人の肉体で過ごすシーンも多く描かれたが故に、その肉体の可変可能性について、より強く想いを巡らせる内容だった。ところが、『アバター：WoW』でのジェイクは、終始ナヴィの肉体で過ごすことになるため、こうした可変可能性のメタファーが弱まっている。

代わりに、二人のキャラクターがそれを担う。クオリッチ大佐と十四歳のキリだ。クオリッチ大佐は前作で死んだが、今作では記憶と人格データをナヴィのアバターに移植することで復活した。肉体の死後でもデジタルデータがあれば復活できるという、死の超越を示唆するキャラクターとして、前作以上に強い存在感を発揮している。

そしてシガーニー・ウィーバーが演じたキリは、より強く可変可能性の肉体を象徴する。七十三歳の彼女が十四歳の肉体のキャラクターを演じられるのは、まさにモーションキャプチャのなせる技であり、アバター上では肉体年齢など関係がないのだという主張にも見える。「アバター」という言葉は、今日デジタル世界でのボディを示す言葉として定着しているが、メタバース的な想像力の世界では、死も年齢も超越してしまう可能性を、この二人のキャラクターは示唆している。

本作は、このように外見を変えられる世界を前提にしており、その世界観そのものが「ダイナミックにいかなる形状をも取りうる能力」、すなわち「原形質性」を持つアニメーション的な感性に近い。

ちなみに、前項で紹介した神山健治&荒牧伸志監督の『攻殻機動隊 SAC_2045』（2020年）も、モーションキャプチャを活用した作品だったが、全身義体でボディを入れ替え可能となった同作の物語世界も、モーションキャプチャとメタファーのような関係があると言えるだろう。

48と24／フレームレートの使い分けというアニメーション的発想

本作の技術において、もう一つの重要なポイントはハイフレームレート（ＨＦＲ）の活用だ。

一般的な映画作品は、１秒間に24フレームの画像で構成されている。ＨＦＲとは、１秒間に24以上のフレームを用いるものだ。本作は部分的に１秒間48フレームで構成されており、24フレームと48フレームのショットが併存する作品となっている。

モーションキャプチャは外見の可変可能性のメタファーだったが、フレームレートは運動感覚の変容のメタファーと言える。そして、このフレーム数の併用テクニックは、映像ジャーナリストの大口孝之氏が以下に説明するように、アニメーション的な演出テクニックだ。

キャメロンは、不要な生っぽさを避けるため、通常のシーンでは24fpsで上映し、動きの早い場面のみHFRを使うというプランを立てた。これは日本のアニメが、基本的に秒8枚で作画し、動きに合わせて12枚や24枚を組み合わせるという考え方に似ている。ランドーによると、アップの場面などは24fpsとし、ストロビング（被写体が複数ダブって見える現象）が発生するような場面は48fpsにしたそうである。[*32]

本作は、キャメロンが最も描きたかったであろう海を中心的な舞台にしており、海のシーンは基本的に48フレームが採用されている。これは、多くの人が指摘している通り大成功だと筆者も思う。48フレームは、24フレームと比べてぬるっとした動きに感じる。だが、水中のシーンでは、むしろ泳ぎの滑らかさが強調される結果となり、高い効果を生んでいる。また、フレーム数の増加により実在感が向上したことによって、まさに眼前に海があるという感覚が強くなっている。

私見では、本作の最大の見せ場は、水の民の生活に馴染んでいく様子を丹念に描いた中盤のシークエンスだ。アクションシーンもなく、物語としては停滞するこの中盤こそキャ

＊32 大口孝之「『アバター：ウェイ・オブ・ウォーター』を生み出した映像革命とは？その最新技術に迫る（前編）」https://cinemore.jp/jp/erudition/2775/article_2776_p1.html（CINEMORE、最終確認日2023年5月28日）

メロンが最も見せたかったものではないか。ここには水中モーションキャプチャなど技術の粋が詰め込まれており、本作最大の技術的売りであるHFRの効果が最も強く体感できるシーンとなっている。

HFRで本作を鑑賞した人は、その驚異的な実在感に驚いたことだろう。普段見慣れている24フレームの映像とはまるで異なる。激しい動きでも残像感が残らず、極めてクリアに視認できる。むしろ、普段の24フレームの映像が、いかに現実とは異なる「シャープでケレン味ある動き」に加工されているのかがよくわかるだろう。

しかし、このリアリティの向上は、時に映像の迫力を奪うことがある。実際に、これまでもHFRに挑む作品はいくつかあったが、いずれも賛否両論といったところで、批判の多くは動きのヌルヌル感が気持ち悪い、劇映画でこれをやられるとリアルすぎて嘘くさいなどというものだ。

アニメーション的な見方で24フレームと48フレームの違いをざっくりとポジティブな言葉で評価すると、24フレームの方が運動をシャープに見せて、48フレームの方が運動を優雅に見せる、と言える。

この特徴を踏まえると、HFRはアクションシーンにおいては諸刃の剣でもある。パンドラの生物に乗って飛翔したり、海に潜るなどのアクションは優雅で素晴らしい印象を残すが、一方でメカニックのアクションシーンではシャープさが減退している。戦闘ヘリから発射されるミサイルなども速度が遅く感じられたりもする。ただ、キャメロン映画のメカニックデザインは抜群に素晴らしく、48フレームの方がそのデザインの隅々、一挙手一投足まで舐めるように眺めることができるので、これも一長一短かもしれない。

さらに付け加えれば、その無骨なメカの動きとパンドラの生物の優雅な動きは、48フレームによってより対照的になったとも言える。そこにもキャメロンの主張が反映されているのかもしれない。侵略者のメカニックの鈍重さは、彼らの生み出した兵器をより憎らしい印象にするし、パンドラの自然生物は運動を優雅に見せることでさらに美しさが強調される。

ちなみに、本作の撮影自体は全て48フレームで行い、編集段階でカットごとに48なのか24なのかを指示していたとプロデューサーのジョン・ランドーが証言している。[*33] ということ

＊33 阿部邦弘＋大口孝之「アバター2はどう撮影した？ 家庭用3D／HFRは「ソニー・パナの仕事」」https://av.watch.impress.co.jp/docs/topic/1463647.html（AV Watch、最終確認日2023年5月28日）

とは、後からショット毎にフレーム数を調整しているわけだ。これは、近年のケレン味あるアクションを演出する3DCGアニメーションとほとんど同じ発想で、この制作過程もまたアニメーション的だ。

存在しない世界を「本物」だと感じてしまう、その先には

『アバター：WoW』はここまで見てきたように、その技術と物語が密接にリンクしている作品で、そのテクニックはアニメーション的な発想に満ちている。しかし、同時に本作を観た人の中に、「ドキュメンタリーを観ているようだ」という感想を持つ人が少なくない。[*34] 本作に映るほとんど全てのものは架空の存在にもかかわらず、異様なまでの実在感があるからだ。

この原稿は、技術の裏側を考えながら書いているわけだが、完成映像を観る時、そんなことを意識する必要は本来ない。出来上がった映像が全てであり、そこに本物を感じれば観客にとっては本物なのだ。『アバター：WoW』は、その意味で実在しないパンドラの世

*34 稲田豊史「『アバター：ウェイ・オブ・ウォーター』は虚構世界のドキュメンタリー映画!?」https://www.cyzo.com/2022/12/post_330701_entry.html（日刊サイゾー、最終確認日２０２３年5月28日）

界を本物にしてしまっている。

そんな作品に対して、それが実写かアニメーションかを問うこと自体、意味がないのかもしれない。ここまで技術が向上し架空の存在を本物だと感じられれば、それが当人にとっての「現実」になる。ジェイクが、地球人の身体を捨てて完全にナヴィの肉体だけで生きている今、ナヴィのアバターが本物かどうかを問うても意味がないのと同じだ。子供も四人生まれ、ジェイクにとってはそれが今の「現実」なのだから。

本作のユニークさは、そんな本物感を生み出すために多数のアニメーション的なテクニックを用いているということだ。アニメーション技術は、本物を、現実を作れてしまうということだ。それはとても夢がある話であり、一方で、ディープフェイクなどに悪用されればヤバい話でもあるわけだが、とにかくそれが今私たちが生きている「現実」なのだ。

そういえば、アカデミー賞長編アニメーション部門の七つ目の条件は、「実写と見間違うような映画的なスタイルで制作された作品の場合、実写ではなくアニメーション作品であることの根拠となる情報を提出すること」である。アニメーションだと証明する努力をしなければ、それは実写作品と見なされるということだ。『アバター：WoW』はまさにそういう作品であるし、現代社会はフェイク情報をいちいちフェイクだと証明しなければ本当だと信じられてしまうわけで、そういう世界の「現実」を体現したような作品だと筆者には思える。その先には希望もあれば、混乱もあるだろう。その「新しい現実」に私たちは対応していくしかない。

第4章

実写とアニメーションの弁証法

「アカデミー賞」をめぐる、実写とアニメーションの弁証法

第94回（2022年開催）2022年度の米国アカデミー賞は、濱口竜介監督の『ドライブ・マイ・カー』（2021年）が日本映画として初めて作品賞にノミネートされたことで、日本国内で例年以上に注目度が大きい。

作品賞は英語で「Best Picture」と言う。ロサンゼルスの映画館で公開されていなくてはならないなど、いくつかの条件はあるが、基本的には全ての長編映画に門戸が開かれている。もちろん、アニメーション映画にも。

だが、毎年ノミネートされる作品は実写映画ばかりだ。代わりに、アニメーションには長編アニメーション部門が設けられている。それが常識となっていて見落としがちなのだが、よく考えてみるとこれは不思議なことだ。どうして、アニメーション部門があるのに、実写部門はないのだろうか。

映画の最高賞である作品賞は「実写部門賞」ではないし、映画とは無条件に実写を指すわけでもないはずだ。とりわけ、今日の実写とアニメーションの境界が不確かな時代にお

いてはなおさらである。

この不均衡をどう考えるべきなのだろうか。

アカデミー賞におけるアニメーションの歴史

アカデミー賞にアニメーション作品が迎え入れられたのは、1932年開催の第五回からだ。この年から、アカデミー賞に短編部門が新たに加わり、カートゥーン部門として三本の作品がノミネートされ、ウォルト・ディズニー・プロダクションの『花と木』が受賞している。意外と早い段階からアカデミー賞もアニメーションに着目していた。

当時、アニメーション映画と言えば短編しかなかった。世界初の長編アニメーション映画は1937年公開の『白雪姫』だ。当時、大ヒットを記録した同作は、第10回(1938年)アカデミー作曲賞へのノミネートを果たし、1939年にはウォルト・ディズニーがアカデミー名誉賞を受賞。白雪姫の内容になぞらえてフルサイズのオスカー像と七つのミニサイズのオスカー像が授与された。[*1]

*1 Robert Osborne『85 Years of the Oscar: The Official History of the Academy Awards』Abbeville Press、2013年、P60

だが、長編アニメーション部門の設立は、それから2002年まで待たねばならなかった。随分と時間がかかったものだ。だが、長編アニメーション部門がなかったということは、アニメーションと実写を分けるルールもアカデミー賞には存在せず、実写映画と等しく競える状況にあったとも言える。しかしこの間、作品賞にノミネートを果たしたアニメーション映画は第64回（1992年開催）の『美女と野獣』一作のみである。

長編アニメーション部門が設立された背景には、アカデミー賞の歴史で冷遇されてきたアニメーション映画に光を当てるという目的の他、長編アニメーションのコンペを実施できるほどに作品数が増大してきたという背景がある。

アカデミー賞の公式ブック『85 Years of the Oscar: The Official History of the Academy Awards』（2013年）の中で著者の Robert Osborne は、2000年は米国での長編アニメーション映画の公開本数が八本だったが、それ以前には長編アニメーション映画の公開本数はもっと少なく、もし独立した部門があっても、全ての作品がノミネートしてしまうような状況だったと記している。ちょうど世紀の変わり目から、長編アニメーション映画が増加傾向となり、独立部門設立の意義が高まったというわけだ。[*2]

---

*2 『85 Years of the Oscar: The Official History of the Academy Awards』、P.338

一方で、独立部門の設立は、逆に最も注目を集める作品賞からアニメーションを遠ざけてしまうのではという批判がある。だが、アニメーション映画であっても作品賞へのノミネート要件は失わない。現に第82回（2010年開催）に『カールじいさんの空飛ぶ家』が作品賞と長編アニメーション部門両方にノミネートされ、翌年には『トイ・ストーリー3』が続いている。

第82回が開催された2010年という年は、アカデミー賞にとって大きな改革の年だった。年々視聴率と一般市民の関心が低くなる傾向を危惧した映画芸術科学アカデミーは、作品賞ノミネート数を五本から最大十本に変更した。『カールじいさんの空飛ぶ家』はこの恩恵を受けたのだと思われる。

だが、2022年に九十四回目をむかえるアカデミー賞の歴史において、作品賞にノミネートされたアニメーション映画は、ここまで言及した三本のみだ。作品賞受賞はゼロである。

アニメーション映画だと認められるための厳しい条件

アカデミー賞長編アニメーション部門へエントリーするにはいくつかの条件がある。アカデミー賞の公式ルールは毎年細かくアップデートされ、PDFでダウンロードできるようになっている。長編アニメーションに関するルールは、「ルール7」に記載されている。本書でも、『アバター：ウェイ・オブ・ウォーター』（2022年）の論考ですでに紹介したが、改めて確認しておこう。

1：運動とキャラクターのパフォーマンスが「frame-by-frame（コマ撮り）」のテクニックで作られていること
2：手描きに限らず、コンピューター・アニメーション、ストップモーション、クレイ（粘土）アニメーション、ピクシレーション、切り紙アニメーション、ピンスクリーン、コマ撮りのカレイドスコープなど、様々な手法が対象となる
3：モーションキャプチャとパペット操作を駆使しているだけではアニメーションとは見なさない
4：40分以上の作品が長編、それ以下の長さの作品は短編となる
5：アニメーションパートが全体の75％以上でなくてはならない
6：主要キャラクターがアニメーションで描かれていなくてはならない

7：実写と見間違うような映画的なスタイルで制作された作品の場合、実写ではなくアニメーション作品であることの根拠となる情報を提出すること[*3]

これらのルールは、作品賞の諸条件に加えて追加で課されている。映画芸術科学アカデミーは、アニメーションと実写を分ける線引きとして上記のような定義を採用しているわけだ。

この七つがアニメーションである条件とすると、これらの条件を少しでも満たさなければ、実写映画ということになるのだろうか。

例えば、作品の75％以上はアニメーションでなければならないとあるが、実写パートが26％、アニメーションパートが74％では、アニメーション映画と認めてもらえないことになる。そう考えると、アニメーションとして認めてもらうハードルはかなり高い。逆に実写映画のハードルは著しく低い様に感じる。実写パートが全体のわずか26％なら、目に映

＊3　「94TH ACADEMY AWARDS OF MERIT」
https://www.oscars.org/sites/oscars/files/94aa_rules.pdf
（the Academy of Motion Picture Arts and Sciences、最終確認日2023年5月28日、日本語訳は筆者によるもの）

る大半の映像はアニメーションなのだがそれでも実写映画だということになるのだろうか。七番目のルールはかなり異様だ。アニメーションであるというなら、自分で言い分を示せと言っている。

では、アカデミー賞は実写映画をどのように定義しているのだろう。実写映画がアニメーションのように明確な定義を持っているのなら、その定義を満たした作品が実写映画ということになるだろう。しかし少なくとも、アカデミー賞のルールには、何を実写映画と見なすかの定義はない。これは、ながらく「映画は実写」というのが暗黙の了解のようにまかり通っていたからではないかと思われる。

だが、本書で見てきた通り、映画＝実写と見なすにはあまりにも今日の映像は混淆している。アニメーションのように作られた実写映画もあれば、実写映画と見わけのつかないアニメーションもある。

アカデミー賞の歴史の中で、それが切実な問題として浮上したのは、２０１０年開催の第82回だ。この年から上記ルールの三番目、モーションキャプチャだけではアニメーションに定義されないというルールが追加されたのだ。

このルールが影響したのかどうかは不明だが、その年の作品賞有力候補だったジェームズ・キャメロン監督の『アバター』（２００９年）は長編アニメーション部門にはノミネートせず、作品賞にノミネートされている。ちなみに、その三年前の長編アニメーション部門を受賞したのは、モーションキャプチャを多用している『ハッピー フィート』だった。この作品はモーションキャプチャのデータをベースにＣＧアニメーターが芝居を作っているため、追加ルールがあってもアニメーションとして定義されると思うが、アカデミー賞のルール改訂が数年早かったら投票の判断に影響した可能性もあったかもしれない。[*4]

モーションキャプチャによる映像が実写なのかアニメーションなのかは難しい問題だ。『ULTRAMAN』（２０１９年）や『攻殻機動隊 SAC_2045』（２０２０年）をモーションキャプチャを駆使して作った神山健治監督は、それらの作品を「アニメなのかと問われると、アニメじゃないかもしれません」と断定を避けている。[*5] しかし、これらの作品は、実写かと問わ

＊4　明美・トスト「実写かアニメか？　アカデミー賞作品賞部門とアニメーション部門のビミョ～な境界線」https://www.cinematoday.jp/news/N0037710（シネマトゥデイ、最終確認日２０２３年５月28日）

＊5　西尾泰三「神山健治×荒牧伸志両監督に聞く、「ULTRAMAN」からにじみ出る〝特撮感〟と〝オールドスクールなこだわり〟」https://nlab.itmedia.co.jp/nl/articles/1904/01/news114.html（ねとらぼ、最終確認日２０２３年５月28日）

れれば実写とも言い難い印象を受ける。

短編部門は実写とアニメーションが同等

ここまで見てきたルールは全て長編部門に関するものだ。筆者が不思議だと思うのは、短編部門においては実写部門が設けられている点だ。長編映画の最高賞は「Best Picture」だが、短編の場合「Short Picture」ではなく、「SHORT FILM (LIVE ACTION)」と呼ばれる。実写部門はないと先に書いたが、実はそれは長編に限った話で、短編部門では実写とアニメーションは分けられた上で、等しい存在として置かれている。膨大な公式ルールの中で、実写を示す「Live Action」という言葉が使われているのは、短編部門と長編アニメーション部門の箇所だけである。

短編実写部門の資格要件には、「写真技術で物理的な俳優、セット、場所、小道具を撮影した作品でドキュメンタリー以外のもの」くらいしか書かれていない。これだと、本書ですでに紹介した「ピクシレーション」というアニメーション技法も含んでしまいそうだ。

しかし、今度はどうして長編と短編で扱いが異なるのかという新たな疑問が湧いてくる。これは筆者の個人的な考えだが、短編映画の世界では実写とアニメーションは同等の存在感を有しているためにこうなっているのではないか。アヌシー国際アニメーション映画祭など、多くのアニメーション映画祭は短編を重要視してきたし、強い作家性が発揮されたアニメーション作品が短編に多かったというのも影響しているかもしれない。

ちなみにアカデミー賞短編部門に「Live Action」という言葉が登場したのは1957年のことだ。それまで短編部門は、第5回（1932年開催）には、「CARTOON」「COMEDY」「NOVELTY」、1936年から1956年には「CARTOON」「ONE-REEL」「TWO-REEL」で構成されていた。「NOVELTY」部門は、珍しくユニークな内容の作品を評する賞だったようで、主にドキュメンタリー作品が受賞することが多かった。「ONE-REEL」と「TWO-REEL」は作品のフィルムのリール数、つまり作品時間の長さによって実写の短編部門を二つに分けていたのだが、それらが統合され「Live Action」部門となった。[*6]

実写とアニメーションの弁証法

『アバター』が作品賞にノミネートされた2010年に、モーションキャプチャに関するルールがアニメーション部門に追加されたのは、真偽はどうあれ、従来ならアニメーショ

＊6 『85 Years of the Oscar: The Official History of the Academy Awards』、P147

ンだとされてもおかしくない作品すら実写映画だと言い切ろうとしているように筆者には思える。

映画芸術科学アカデミーも実写とアニメーションの違いについて考えあぐねているのだろう。それはいいのだが、筆者がわからないなと思うのは、アニメーションにはどんどん厳密な定義を要求するのに比べて、実写とは何かを追求しない点だ。

ウィキペディアのアニメーションのページは記述が膨大だ。それに比べて実写のページはとても薄い。ウィキペディアの記述が常に正しいとは限らないが、このアニメーションの定義の細かさや記述の豊富さは、アニメーションとは何かを考えてきた人がそれだけ多いということの証だろう。逆に実写の世界では、映画とは何かを考えてきたのだろうが、何が実写なのかを考えてこなかったのではないか。

「カメラで撮影していれば実写映画だ」とは言えない。なぜなら、アカデミー賞は実写で生身の人間を撮影してコマ撮りするピクシレーションもアニメーションだと定義しているからだ。コマ撮りであるかどうかが両者を分けるものだと考えられているが、アン・リーの『ジェミニマン』（2019年）のような1秒120コマのハイフレームレートの作品も登場し、『アバター：WoW』のようにフレームレートを巧みに使い分ける作品も登場し、1秒24コマという数字から根拠が失われ始めている。一般的な実写映像も1秒24コマのコマ撮りであると言えなくもない。

実写には自立した定義がないのかもしれない。実写とは、「アニメーションじゃなければ実写」ぐらいの感覚で存在している、依存的な存在と言えるのではないだろうか。

そもそも「実写（Live Action）」という言葉はいつできたのだろうか。日本語で実写という言葉が映画に対して使われていた歴史は古い。筆者が見つけた最古のものでは、大正6年（1917年）に発行された書籍『吾輩はフィルムである』だ。しかし、今とはやや異なる意味で使用されていた。以下に引用してみよう。

実写物と云へばたゞいろんな風景や動植物がノンキなお顔をして出て来るだけの話、それが活動写真劇となるとその立派な風景の前で役者が芝居をやる。[*7]

＊7　活動写真雑誌編輯局『吾輩はフィルムである』活動写真雑誌社、1917年、P63

役者が演技する劇映画とは明確に区別して実写という言葉を使用していることがわかる。ここでは、実写とは単純な記録映像を指していると思われる。

この用法は、その後もしばらく続いた。1948年の『キネマ旬報』9月下旬号に掲載された映画評論家の岸松雄による「清水宏と実写的精神」という文章には、「映画の歴史が実写から始まつたことを忘れてはいけない。金魚が泳ぎ、鳥が飛ぶ、というような単純な動きの実写を幼い日のわれわれがよろこんだのは単なる好奇心からだけだつたとは思えない」という一節がある。[*8] 清水宏は作為的な演技を極力排除し、セットではなくロケーション撮影を好んだ作家だが、そうした彼のスタイルは「実写的精神」と呼ばれている。今ならドキュメンタリー的と呼ばれることが多いものだろう。この時代、劇映画のことを実写とは呼んでいなかったのだ。

この実写という言葉は、「ありのままを撮る」という意味だろう。役者の演技もセットも本来の自然物ではなく人為的に生み出したものなので、そういう嘘が混ざったものは、当時は「実写」と呼ばれなかったと思われる。

＊8　岸松雄「清水宏と実写的精神」、『キネマ旬報』1948年9月下旬号、キネマ旬報社、P18

英語の「Live Action」という単語がいつ出現したのかは追いかけるのが難しいが、パリ第10大学の映画研究者Hervé Joubert-Laurencinは、アニメーションが定義づけられた後に、それ以外のすべての映画を指す言葉としてフランス語で「prise de vue directe（直訳すると「直接撮る」という意味）」、英語で「Live Action」という言葉が現れたと記している。[*9]

少なくとも50年代には「Live Action」という単語が使用されていたのは、アカデミー賞が1957年に短編部門を刷新して「Live Action」部門を設けたことからも確実と思われる。この時代はCG技術も未発達で、写実的な映像を生成することは技術的に困難だったであろうから、「アニメーションじゃなければ実写」という感覚でも問題はなかっただろう。しかし、今は写実的な映像を、実際の撮影行為をせずに生み出すことが可能な時代になっている。非アニメーション映像がただちに本来の意味通りの実写を指すとはかぎらない。

＊9 Hervé Joubert-Laurencin［Lucy Swanson＝英訳］「André Martin, Inventor of Animation Cinema: Prolegomena for a History of Terms」、Karen Beckman＝編『Animating Film Theory』Duke University Press、P87 https://library.oapen.org/bitstream/handle/20.500.12657/52901/external_content.pdf?sequence=1（最終確認日2023年5月28日）

Laurencin の言説を信じるのであれば、実写とアニメーションの関係は、筆者にはヘーゲルの「主人と奴隷の弁証法」みたいに思える。

「主人と奴隷の弁証法」とはこういうものだ。人間が真に自立した自由な存在になるためには、他者からの承認が必要になる。承認をめぐる争いの果てに、勝者である主人と敗者である奴隷に分かれていく。奴隷は主人のために労働させられ、自由はなく自立した存在でなくなる。労働とは、奴隷が主人のために物やサービスを加工・提供することであると同時に、自己を形成する機会でもある。奴隷は労働を通じて自己を形成するが、主人はその奴隷が作ったものを享受するだけで自己を形成する機会がないし、主人の生活は奴隷の労働に依存している。奴隷なしでは生活できないということは、主人は自立した存在ではないということになり、自立と依存の関係が逆転する。[*10]

自立していない主人が主人であり続けるためには、奴隷を必要とする。奴隷こそが主人を主人たらしめる。実写はアニメーションに対してそのような立場なのではないか。「アニメーション以外」は実写だとしたら、実写というカテゴリーが存在できるのは、アニメーションという自立した定義を持ったカテゴリーがあってこそということになりはし

*10　金子武蔵『ヘーゲルの精神現象学』ちくま学芸文庫、1996年、P140~142

ないだろうか。映画産業の中で隷属的な立場に置かれてきたアニメーションはせっせと自己の定義を考え続け、形成されてきた。実写はそのように自己を定義する機会を充分に持たなかったために、アニメーションに依存した存在と言えるのではないか。

言うなれば、これは実写とアニメーションの弁証法だ。

しかし、アニメーションは実写という主人のために奉仕する奴隷ではない。そろそろ解放されてもいいんじゃないか。もっと対等の存在として認知されてもいいんじゃないか。今日の映画文化において、アニメーションはすでに周辺的な存在とは言えないだけの勢力になっている。

アカデミー賞などの映画賞は、業界あるいは映像文化全体がどうあるべきかの価値観を示すものだ。第92回（2020年開催）の『パラサイト 半地下の家族』の作品賞受賞、第94回（2022年開催）の『ドライブ・マイ・カー』の作品賞ノミネートは、非英語の映画にも高い価値があると広く示した。

実写とアニメーションが互いに自立した存在となるのか、両者が完全に溶け合い一つの「映像」として発展するのか、実写ともアニメーションでもない三つ目の映像が生まれるのか、アカデミー賞のあり方は映像文化の進む道に少なくない影響を与えるはずだ。

トーキーという分断点、デジタルという結節点

実写とアニメーションは強固に分かれた空間だと多くの人が認識してきた。しかしだからこそ、その境界を乗り越えてみたいという欲望も生まれる。近年も、映画『トムとジェリー』（2021年）や『スペース・プレイヤーズ』（2021年）に、『チップとデールの大作戦 レスキュー・レンジャーズ』（2022年）など、生身の人間とアニメーションキャラクターを共演させる映画が作られている。

こうした試みは今に始まったわけではない。実写空間とアニメーション空間を横断してみたい、あるいは融合させたいという欲望自体は映画の黎明期から存在し、これまでも様々な作品が制作されてきた。

それらの作品群は、完全実写の作品とも完全アニメーションの作品とも異なる、独特の混淆した魅力を放っている。異なる世界と認識されがちな二つの映像世界は実は密接に絡み合うもので、差異はあるが共通点も数多く含んでおり、それらの作品群は、実写とアニメーションの境界が実際のところ曖昧であることを明らかにするものではないだろうか。

黎明期の映像空間は実写とアニメーションの区別はなかった?

世界最初のアニメーション作品は何か、というのは様々な説がある。国際アニメーションフィルム協会(ASIFA)は、10月28日を国際アニメーションデーと定めている。これは、1892年10月28日にエミール・レイノーがパリにて世界初のアニメーション、テアトル・オプティークを公開したことにちなんで制定されたものだ。[*11] 映画史に詳しい方ならわかるだろうが、この日付はリュミエール兄弟がシネマトグラフによる上映を行った1895年よりも先んじている。テアトル・オプティークをアニメーションだと見做すならば、アニメーションは映画よりも歴史が古いことになる。これは、映像表現の始まりがどの地点なのかにもかかわる大きな議論であろう。

テアトル・オプティークは、細長い帯に描かれた絵を連続で映写する、映画の先駆けとなった技術だ。ゼラチンの板に1コマずつ絵を描いたものをスライドさせながら映写するもので、素材そのものはフィルムではないが、映画の上映形態に限りなく近い。また、背

*11 「国際アニメーション デー」
https://www.asifa.jp/iad/index.html
(国際アニメーションフィルム協会 日本支部 [ASIFA-JAPAN]、最終確認日2023年5月28日)

景と人物を別々の絵として描き、合成させる手法は後のセルアニメーションの作り方の先行事例と言えなくもない。

リュミエールの発明以後で、最初のアニメーション作品と言われているのは、アメリカのジェームズ・スチュアート・ブラックトンの『愉快な百面相』という約3分の短編で、これを最初のアニメーション作品と紹介する研究者もいる（これ以外にも1899年のマッチ棒を使った『マッチ・アピール』だとする説もある）。[*12] この作品は、黒板に描かれた絵がコマ撮りによって動き出す様を映した作品で、人の手が画面に映り軽快なタッチで絵を完成させたかと思うと、その絵が自律して動き出すというものだ。画面に映る全ての要素が絵で構成されておらず、生身の人間の手がカメラの前で絵を描き、その絵が自律的に動き出すという、実写映像とアニメーションが混淆したものとなっている。この作品に限らず、映画黎明期に作られたアニメーション作品は、生身の人間が登場する作品が多い。『愉快な百面相』につづき、1908年にはフランスでエミール・コールが『ファンタスマゴリー』を発表したが、これも冒頭にキャラクターの絵を描く人間の手が映りこんでいる。

*12 雪村まゆみ「戦争とアニメーション：文化の制度化をめぐる一考察」
https://kwansei.repo.nii.ac.jp/records/29070

映画史初期のアニメーションの傑作としてよく挙げられるのが、ウィンザー・マッケイによる『恐竜ガーティ』（1914年）だ。現存する映像は約12分ほどの短編作品で、前半はマッケイ本人が登場して、恐竜博物館で恐竜を動かすアニメーションを作ることを思い立ち、後半ではその上映会が開かれ、絵で描かれた恐竜が動き出すという筋書きだ。現代に存在しない恐竜を生き生きと動かすことで、アニメーションというテクニックの有用性を示した作品であり、アニメーション史の中でも特筆すべき重要作である。

この作品もやはり生身の身体を持ったマッケイ本人が画面に登場することに特徴がある。マッケイが絵を描くだけでなく、恐竜を手なずけ調教し、思い通りに動かしてみせる様を見せていて、アニメーションとは思い通りのイメージを自在に動かすことができるものだ、と主張しているかのようだ。ちなみに、現存する実写パートを含んだ作品は、実は公開当時のものではない。アニメーションの歴史に詳しい研究者の細馬宏通は、『恐竜ガーティ』は当初は実写パートはなく、マッケイ本人がステージに上がり、鞭を鳴らしてアニメーションの中の恐竜をしつけるというパフォーマンスを行っていたと記している。[*13] 架空の存在と観客の目の前に存在する生身の人間が息を合わせて芝居を見せるというパフォーマンス

*13　細馬宏通『ミッキーはなぜ口笛を吹くのか　アニメーションの表現史』新潮選書、2013年、P84

だったわけで、これは現代のプロジェクションマッピングや映像を取り入れた舞台演劇に近い。『恐竜ガーティ』の実写パートは後年、マッケイ自身が巡業しなくても全国で興行できるようにするために制作されたものだそうだ。

さらに時代が経過すると、ウォルト・ディズニーや、『ポパイ』『ベティ・ブープ』（ともに1930年代に登場）シリーズなどで知られるフライシャー兄弟が登場し、アニメーションシーンは活性化していく。彼らも盛んに実写とアニメーションが混在する作品を制作していた。ディズニーは、ミッキーマウス登場以前に「アリス・コメディ」シリーズ（1920年代）を制作。これは、『不思議の国のアリス』のアリスが、アニメーションスタジオを訪れ、アニメーションの世界に迷い込むという内容の作品で、アリスは生身の役者によって演じられている。「アリス・コメディ」シリーズは、フライシャー兄弟の『インク壺』シリーズに触発された作品と言われている。フライシャー兄弟は実写とアニメーションを混在した作品を数多く発表しており、この分野の名手だ。彼らは実写映像をトレースしてアニメーションにするロトスコープ技術の開発者としても有名で、実写とアニメーションの境界に敏感な作家と言える。『インク壺』シリーズは1918年に登場し、1929年までの長期にわたって製作された。マックスという男性が道化師のココの絵を描くと、その絵が動き出し、ひとしきりスラップスティックな騒動を巻き起こして再びインクに戻っていくという筋書きがほとんどで、生身の人間とインクで描かれたアニメーションキャラクターが一つの映像で同居している点に特徴がある。アニメーション研究者の宮本裕子《みやもとゆうこ》は、自著『フライシャー兄弟の映像的志向』において、『インク壺』シリーズには、「実写とアニメーションの混淆として自律した空間」がみられるといい、実写とアニメーションに区別される以前の映像の「原初性」が見出せると主張している。[*14]

また、映像研究者の北野《きたの》圭介《けいすけ》は、「映画なるものが人類史に舞い降りた時に、フランスでは photographie animé や英語圏では animated photograph を用いていたことは忘れてはならない――［中略］。静止画を動かして蠢きを体感するという面では、実写映画もアニメーション映画の境界は判然としていなかったのだ[*15]」と語り、映画史初期には実写とアニメーションは今日ほど分断された存在ではなかったことを示唆している。

初期映画に、実写とアニメーションパート両方が混在する作品が珍しくなかったのは、

＊14　宮本裕子『フライシャー兄弟の映像的志向　混淆するアニメーションとその空間』水声社、2020年、P112
＊15　北野圭介「アニメーションと映像をめぐる問い――アニメ、アニメーション、アニメイティング――」、『アニメーション研究』第18巻2号、日本アニメーション学会、2017年、P7

宮本や北野が言うように、当時その二つはあまり区別されておらず、その境界線が曖昧だったからなのだろう。

サイレント映画とアニメーションの接点

映画史初期の映像的志向のあり方について、別の角度からも検討してみよう。

上述した作品群は、サイレント映画時代に発表されたものだ。この時代の人気ジャンルと言えば、チャーリー・チャップリンやバスター・キートン、ハロルド・ロイドなどに代表されるスラップスティック・コメディである。

当時の映画を観たことのある人はわかるだろうが、これらのコメディ映画では、登場人物の動く速度が一定ではない。現在の映画は1秒24コマの速度を基本とするが、当時のコメディ映画はチョコマカした動きや素早い運動を創出するために、自在にフィルムの回転数を変えていた。

サイレント映画と声の出るトーキー映画の違いは、言うまでもなくシンクロしたセリフの有無だ。だが実はそれだけではない。映画のトーキー化は、映像表現においても劇的な変化を制作者たちに迫った。チャップリン研究家として有名な大野《おおの》裕之《ひろゆき》は、サイレント映画とトーキー映画の違いと、トーキー時代になってサイレント映画の人気が凋落《ちょうらく》した原因について、以下のように記している。

トーキーの時代になると、サイレント喜劇は壊滅した。人気が凋落した原因として、「サイレント喜劇人の声が悪かったから」などと言う人がいるが、本当の理由は違ったところにある。

サイレント映画とは、変幻自在なスピードと大胆なアクションのアートである。声が入らないぶん、フィルムのスピードを自由に変えることができた。面白いギャグのシーンは早回しにするなど映像演出にメリハリをつけることで、身体芸を際立たせた。また、俳優の声をマイクで拾えるかどうかを気にしなくていいので、大胆に動くことができた。

しかし、トーキーだと（当時は）フィルムのスピードを変えると音声も高くなってしまうので、フィルムスピードが一定のままの緩急のない演出になってしまった。しかも、マイクの下で演技をしなければならないので、アクションの面白さをも奪った。*16

*16　大野裕之『ディズニーとチャップリン　エンタメビジネスを生んだ巨人』光文社新書、2021年、P120〜121

フィルムのスピードを自在に変化させることで、現実にはない動きを自在に創造し、独特の映像空間を生み出せるのがサイレント時代のスラップスティックコメディの醍醐味だった。このジャンルでは、リアリズムよりもユニークな運動を創造することの方が重視された。そして、チャップリンたちの卓越したパントマイム芸とフィルムスピードのトリックによる身体芸は、登場キャラクターの身体を虚構化している。彼らは身体を張ったギャグを数多く披露したが、リアルに考えれば大事故になりそうな場面でも「死なない身体」として現前している。バスター・キートンやハロルド・ロイドのコメディ映画は、ドタバタアニメ並みの身体の張り方で笑いを取ることを得意としていたし、現実にはあり得ないような身体の動き、例えば、ロイドは恐怖した時に髪の毛が逆立つという演出を好んだが、こうしたセンスは実写映画よりもアニメーション作品に引き継がれたと言えるだろう。

アニメーションの基本的な定義は、コマの操作によって運動を作りだすという点にある。それが絵であろうが、人形であろうが、あるいは実写映像であろうが、素材は問わずコマ撮り方式によって現実とは異なる運動とイマジネーションを創出する点が、実写とは異なる魅力だ。サイレント時代の実写映画は、そんなアニメーションと似通った魅力を有していたと言えるのではないか。

大野は、世界最初のアニメーションのスターキャラクター『フィリックス・ザ・キャット』（1919年）のフィリックスは、チャップリンに大きな影響を受けており、短編アニメーションとサイレント喜劇は「互いに影響を及ぼし」あっていたと書いている。[*17] また、大野はパントマイムとアニメーションの親和性についても鋭い見解を示している。

チャップリンの場合は帽子がぴょんと飛び上がり、それが腕の上で器用に転がり、チョビ髭は生き物のようにひょこひょこ動き、小道具にまで命《アニメート》が与えられて、リアルな表現範囲を軽々と超える想像性豊かなアクションが展開された。[*18]

宮本や北野が指摘する、実写とアニメーションが未分化だった「原初性」は、チャップリン作品のようなサイレント時代のメジャー作品にもたくさん見出せるのだ。

近年、日本に紹介された知られざるサイレント喜劇アーティスト、チャーリー・バワー

＊17 『ディズニーとチャップリン　エンタメビジネスを生んだ巨人』、P76

＊18 『ディズニーとチャップリン　エンタメビジネスを生んだ巨人』、P78

ズの作品群は、そのことを直接証明する存在だ。バワーズは、初期にはドローイングの短編アニメーションを制作していたが、後にスラップスティックコメディを作りだす。フィルムのスピードを自由に変え、捧腹絶倒の非現実的な動きを創出しながら、さらにストップモーション・アニメーションを加えて独創的な世界を生み出している。例えば、『たまご割れすぎ問題』（1926年）という作品では、卵から小さなフォード車の雛が大量に生まれるシーンでストップモーションを活用している。俳優の動きもスピードが一定ではないので、そこにストップモーションの運動が紛れ込んでいても違和感を感じさせず、バワーズ独自の映像空間を生み出している。

アニメーションの歴史から見ても、実写映画の歴史から見ても、この時代、実写とアニメーションはかなりの程度重なり合いながら、アーティストたちの独自の空間を生み出す手法として並び立っていたのだ。それが分離する時代は、声を巡って訪れることになる。

トーキー時代になって定義されたアニメーションの定義

映画が初期には日本で「活動写真」と呼ばれていたように、アニメーションも元々アニメーションとは呼ばれていなかった。

アニメーションが定義されたのは、1950年代のことである。それ以前には、日本では「漫画映画」、英語圏では「Animated Cartoon」などの呼称が存在していた。アニメーションという単語自体は、今のように映像作品のジャンルや手法を指す言葉ではなく、「動かすこと、動かし方」を意味するanimateという動詞の名詞形に過ぎなかった。[*19]

今日のアニメーション映画の輪郭を生み出す言説を展開したのが、フランスの批評家アンドレ・マルタンだ。マルタンは、ディズニーとは異なるスタイルを持つ様々な動画表現を総称するために「アニメーション映画」という言葉を使い始め、当時、何かと実写映画の劣位に置かれがちだった作品群を自立した芸術表現だと主張する活動を行っていく。その一環として、マルタンは国際アニメーション週間をカンヌ国際映画祭内に立ち上げた。それは後に独立して後半世界最大のアニメーション映画祭となるアヌシー国際アニメーション映画祭へと発展していった。[*20]

＊19　イラン・グェン、「「アニメーション」の日本語への流用について」、石毛弓＋大島浩英＋小林宣之＝編『日仏アニメーションの文化論』水声社、2017年、P209

＊20　「棒人間と複数の世界」、石岡良治＋三浦哲哉＝編著、入江哲朗土居伸彰＋平倉圭＋畠山宗明＝共著『オーバー・ザ・シネマ映画「超」討議』フィルムアート社、2018年、P216

50年代と言えば、映画批評においてはエポックメイキングな存在が登場した年代でもある。フランスのヌーヴェル・ヴァーグの母体となった映画批評誌「カイエ・デュ・シネマ」（1951年創刊）とその初代編集長アンドレ・バザンの登場によって。

この当時、映画はすでにトーキーの時代を迎えて20年ほどが経過し、サイレント映画はほとんど姿を消していた。バザンは、写真の客観性を根拠に映画の独創性は機械を介して「客観的な（オブジェクティブな）」視点を可能にしたことに見出し、リアリズムに映画芸術の本質を見出した。そんなバザンはサイレント映画をどう見ていたか。彼は、「トーキーが映画的言語のある種の美学の終わりを告げたのは確かだが、ただしその美学とは、映画を本来のリアリズム的使命からもっとも遠ざけているものでしかなかった」[*21]と、リアリズム的な観点からトーキー化を擁護し、サイレント映画はリアリズムという映画の原則から外れたものだとしている。

本書で紹介したように、トーキー化によって映画は1秒24コマのスピードとすることが確立した。大野の言うように、映像と声を同期させるために、コマのスピードをいじることができなくなった。リアリズムという観点ではこれは歓迎されるべき事態だというのは

*21 アンドレ・バザン［野崎歓＋大原宣久＋谷本道昭＝訳］『映画とは何か（上）』岩波文庫、2015年、P132

わかりやすい。コマのスピード変更は、映像を虚構化するからだ。サイレント時代、映画はリアリズムだけでなく、創造性、ユニークな運動の生成を追求していたが、バザンが言うようにその美学は音声によって終わりを告げた。

アンドレ・マルタンが登場したのはそういう時代だ。マルタンの言説はほとんど日本語化されておらず、彼がサイレント映画をどう考えていたのか筆者にはわからないが、彼がアニメーション作品に見出した美学は、チャップリンのサイレント映画の美学に近いものがあると筆者は考える。

アニメーション研究家の土居伸彰はマルタンが設立に深く関わったアヌシー国際アニメーション映画祭の理念についてこう語る。

そこから、「これからみんなで一緒にやっていこう」ということで国際アニメーションフィルム協会（ASIFA）ができ、アヌシー国際アニメーション映画祭も立ち上がった。これらの組織やイベントは、アニメーションを通じた平和と人類の相互理解の達成を目指すものでもあって、その理念はザグレブや広島といった他の映画祭にも引き継がれていった。その理念から必然的に好ましいものとなったことのひとつに、「言葉を使わないこと」があった。「言葉はその言葉がわからない人の理解を阻害してしまうので、なるべくマイムだけで語りましょう」と。「動き」が重要視されるアニメーションの歴史が強固になっていった。[*22]

トーキーによってリアリズムの美学を強めていく実写映画に対して、マルタンと彼が設立に関わった組織は動きを重視し、言葉を使わないアニメーションの価値を主張したわけだ。これは、偶然にもチャップリンの主張とかなり近い。大野はチャップリンがトーキーを批判した理由をこう語る。

チャップリンが、1931年に『街の灯』を、すでに時代遅れとみなされていたサイレントで作ると発表した時、多くの批評家が驚きを示した。彼は「パントマイムとコメディ」という文章を発表して、彼らの疑問に答えようとした。

なぜ私は無声映画を作り続けたか？　第一に、サイレント映画は普遍的な表現手段だ

＊22　「棒人間と複数の世界」、『オーバー・ザ・シネマ 映画「超」討議』、P217

からだ。トーキー映画にはおのずと限界がある。というのも、特定の人種の特定の言葉に規定されてしまうからだ。

チャップリンがこだわったのは、サイレントかトーキーかという技術ではなく、世界中の人に理解されるかどうかだった。[*23]

映画批評の大家バザンがサイレントの美学が終わったと言った時代、マルタンは実写映画との差異化をはかるためか、バザン曰くの「終わった美学」を敢えてアニメーションに見出したのかもしれない。こうして、サイレント時代には未分化だった実写とアニメーションは、それぞれの美学を経て独立、あるいは分断を深めていったのではないか。

ちなみに、チャップリンは初期ディズニーの作品群に自身の作品と同質の魅力を見出していたが、それは初期ディズニー作品がトーキーとして作られていてもセリフをほとんど用いず、動きを重視していたからだ。長編映画の製作に乗り出して以降のディズニー作品は、厳密なリップシンクを求めていくようになったが、短編時代の自由闊達なアニメーシ

*23 『ディズニーとチャップリン　エンタメビジネスを生んだ巨人』、P121～122

ョンの動きは、チャップリンから大きな影響を受けている。大野は、初期ディズニー作品の特性とウォルト・ディズニー自身の証言を根拠に、チャップリンの正当後継者はディズニーであるという論を同著で展開している。

実写とアニメーションの境界を乗り越えようとする作品群の登場

トーキー以後の分断の時代に、実写とアニメーションを融合させる作品群は姿を消したかというと、そうではない。むしろ、そこに壁ができたことで、壁を乗り越えることそのものを描こうと試みる作品が登場した。

1945年、MGMのミュージカル映画『錨を上げて』はジーン・ケリーとフランク・シナトラ主演の映画だが、『トムとジェリー』シリーズのジェリーが登場する場面がある。想像のシーンでジーン・ケリーが野原の穴に落ちると、地下空間にはアニメーションキャラクターがいて、そこでジェリーと一緒に踊るのだ。ほとんどサービスシーンのような扱いで、物語の本筋にはほとんど絡まないこのシーンは、ジーン・ケリー演じる男の想像の世界という扱いであり、実写空間とアニメーション空間が強固に別世界として存在している。

ディズニーの1964年の映画『メリー・ポピンズ』も実写とアニメーションを融合さ

せたパートがある。地面に絵で描かれた世界に登場人物たちが入り込むシーンがあり、絵の世界はアニメーションで表現されるが、絵の世界は雨が降れば消えてしまうはかないものとして描かれる。

このように実写とアニメーション両方の技術を駆使する映画においても、両者の世界は異質なもので、基本的には決して混ざり合わないものとして提示される。

こうした感覚を物語としてより具体化した作品が、80年代後半から90年代にかけて登場する。ディズニー製作のロバート・ゼメキス監督作品『ロジャー・ラビット』（1988年）は、生身の人間とカートゥーンのキャラクターが共存する世界を描いている。アニメーションと実写を融合させる技術が目を見張る向上を見せており、人間とアニメーションキャラクターに同じ照明があたっているかのように作画されており、強い実在感を感じさせる。この作品は、実写とアニメーションのキャラクターが等価な存在として共存可能であることを示していると言えるが、アニメーションキャラクター達は基本的にトゥーンタウンと呼ばれる区画に暮らしており、住居区画が分断されているという特徴がある。宮本裕子は、この設定を「ある種のアパルトヘイト」であり、悪役ドゥームが生身の身体を得ようとして失敗するという結末に、「実写とアニメーションそれぞれの独立性」を主張していると言う。[*24]

実写とアニメーション世界、それぞれの独立性とその越境可能性という点でさらにテーマを推し進めた作品に、1992年のラルフ・バクシ監督の『クール・ワールド』がある。この作品では、人間の世界とカートゥーンの世界は完全に別の次元に存在している。主人公の一人フランク（ブラッド・ピット）は、事故がきっかけでアニメーションの世界「クール・ワールド」に迷い込んで以来、刑事として働いている。この世界では、人間とアニメーションキャラクターのセックスが禁止されている。なぜなら、両者が交わることでアニメーションキャラクターは生身の肉体を手に入れることができるが、それは両方の世界を融解させてしまい、大惨事を巻き起こすからだ。物語は、セクシーなアニメーションキャラクター、ホリーが現実世界から迷い込んだコミックアーティストとセックスしてしまい、両者の世界が曖昧になり、混乱が巻き起こる様を描いている。

実写とアニメーション世界を混ぜてはいけない、というのが『クール・ワールド』の大前提だ。一方で、生身の人間とアニメーションキャラクターがセックス可能な存在として描かれている点は興味深い。セックスという欲望のダイレクトな表象を物語の中心に据え

*24 『フライシャー兄弟の映像的志向　混淆するアニメーションとその空間』、P205

ることで、実写とアニメーション空間が分断されているからこそ、その越境に欲望が発生することをほのめかした作品と言える。

1996年公開、バスケットボールの神様マイケル・ジョーダン主演の『スペース・ジャム』もやはり実写空間とアニメーション空間の分断が前提となっているが、緩やかに融合し始めている兆候も見出せる。ワーナーのアニメーションキャラクター「ルーニー・テューンズ」たちが暮らす空間は、地面の下の地下空間にある。ジョーダンは、ゴルフのカップの穴から吸い込まれ、バッグス・バニーたちのバスケットチームに助っ人として参戦することになる。人間もバッグスたちも両方の世界をなんらかの方法で行き来できるようで、『ロジャー・ラビット』や『クール・ワールド』ほど分断を前面に押し出していない。それどころか、ジョーダンが敵のキャラクターたちにバスケットボールのように丸められ、身体が変形するなど、人間とアニメーションキャラクターの境界が曖昧になっている。

『スペース・ジャム』が公開された90年代後半、映画産業は3DCG化による大きな変革を迎えていた。3DCGを駆使した大作が相次いで公開され、現実には存在しないものを実写空間に違和感なく描くことが可能な時代が到来していた。これまで本書で議論してきたように、映画のデジタル化は、トーキー化で分断された実写とアニメーションの空間を再びつなぎ直す契機となった。

3DCGの発達で映像空間は再び混淆する

90年代から本格的な発展の兆しを迎えた3DCG技術は、映像のあり方を混淆させ、再び実写とアニメーションの境界を曖昧にした。そうした時代を象徴するかのように、これまで実写と2Dアニメーションの二種類だったところに別の異質さを持ち込む作品が登場する。

2022年、ディズニープラスで配信された『チップとデールの大作戦 レスキュー・レンジャーズ』は、実写空間に生身の人間と2Dタッチのキャラクター、さらに立体感を持った3Dキャラクターが併存する世界となっている。本作は、かつてテレビシリーズで人気を博したシマリスのコンビ、チップとデールを主人公にした作品だ。テレビ放送で人気者だった時代から数十年が経過し、デールは保険の営業マンとして成功を収め、チップは3D手術で全身を2Dボディから乗り換えてファンの集いなどに参加することで生計を得ているという設定だ。二匹は、かつての仲間が誘拐されたことを知ると久々に再会し、誘拐犯である海賊版製造をたくらむギャングの親玉スウィート・ピートのアジトに侵入し、生身の警官と協力して事件の解決に挑むという筋書きだ。

全身を3D手術して生まれ変わるという発想は、昨今アメリカでは3DCGアニメーションが主流となり、往年のキャラクターもCGアニメーションで描かれるケースが増えている実態を反映している。チップは終始3DCG、デールは昔ながらの2Dスタイルで描かれ、二つの異なる絵柄が実写空間の中で共存している。

アメリカのアニメーションは2Dから3Dへと「進化」したと捉えられているが、両者は全く別の技術で異なる魅力を備えていることが、本作を観ればよくわかる。昔ながらの2Dアニメーション姿のデールは、3Dのチップに負けない魅力を有しており、自由闊達な動きを披露してくれる。2Dも3Dも共存可能であることを示唆しているとも思える内容で、『ロジャーラビット』のような住居区画の分断もなく、人間とアニメーションキャラクターが同じ空間で生活している様子が描かれている。

ワーナーからは『スペース・ジャム』の続編、『スペース・プレイヤーズ』が登場した。こちらは、デジタルにおいては実写も2Dも3Dも、全てがデータとして等価の存在として扱われている。主人公のレブロン・ジェームズが迷い込むのは、ワーナーのデジタルサーバー空間だ。「サーバーバース」と呼ばれるその空間は、ハリー・ポッターやバットマン、スーパーマンやキングコングにマトリックス、さらにルーニー・テューンズの面々まで存在している。迷い込んだ生身のレブロンは、そこでアニメーションキャラクターになるなど、外見の可変性も示唆され、クライマックスのバスケット対決のシーンではバッグス・バニーたちも3Dキャラクターへと変身して戦うことになる。

デジタルデータ上では、実写も特撮もアニメーションもCGも全て等価な存在であるというのは、2001年に上梓され、デジタル時代の映画批評に多大な影響を与えたレフ・マノヴィッチの『ニューメディアの言語　デジタル時代のアート、デザイン、映画』での主張「デジタル映画とは、多くの要素の一つとして実写のフッテージを用いる、アニメーションの特殊なケースである」を彷彿とさせる。[*25] 昨今、フェイク画像やディープフェイク映像などの問題が取りざたされ、デジタル時代の映像は全て何らかの形で生成が可能なイメージに過ぎず、映像が機械による客観的な記録であるという論は再考を迫られているが、『スペース・プレイヤーズ』はそんな時代を的確に反映した作品と言える。

*25　レフ・マノヴィッチ〔堀潤之＝訳〕『ニューメディアの言語　デジタル時代のアート、デザイン、映画』ちくま学芸文庫、2023年、P621

これら近年の作品と、『クール・ワールド』や『ロジャー・ラビット』を比べると、生身の俳優とアニメーションキャラクターの「共演の練度」が格段に向上していることに気がづく。ハリウッドでは役者がCG合成のためのグリーンバックで撮影することは日常茶飯事になっているから、架空の存在との共演ノウハウは積み重なっているだろうし、合成の技術自体も向上していることが要因だろう。映像世界では、異質な身体を持つ者同士が同一空間に違和感なく並び立てるという感覚は当たり前のものになりつつある。

実写とアニメーションは、原初の時代には未分化であったが、トーキー化によって自由な運動の創造が制限され、分断されることになった。それがデジタル全盛の現代に再び統合の兆しを見せている。この時代、実写とアニメーションを区分することはまだ可能だろうか。そして、トーキー時代に生まれた批評言説は今でも支配的だがそれはいつまで有効だろうか。今後、包括的に映像を語るための新たな言葉が必要とされている。実写とアニメーションを混淆させる作品群の歴史は、私たちにそのことを教えてくれている。

第5章

AI時代の演技論

ジム・キャリーのアニメーション的身体

ジム・キャリーのことを「顔芸役者」と呼ぶ人がいる。

そのレッテルには侮蔑《ぶべつ》の意味がこもっている。コメディ作品以外の出演も増えたことでそう呼ぶ人も減っただろうが、彼が頭角を現した90年代には確かにそういう評価をする人がいた。

しかし、「顔芸役者」がなぜ侮蔑になるのか。彼の表情の柔軟さは誰にも真似できないではないか。むしろ、顔芸を封印した芝居を披露した方が高評価を受けやすいことさえあることが不思議でしょうがない。

そんな彼の近年の出演作『ソニック・ザ・ムービー』（2020年）は、「顔芸役者」としての彼の持ち味が存分に発揮された作品だった。『ソニック・ザ・ムービー』は、SEGAの生んだ世界的ヒットゲームを映画化したものだ。ゲームやコミックの世界を実写化することは常に難しいことだが、ジム・キャリーは軽妙にゲームの世界の住人になりきってみせる。

生身の俳優が出演する実写映画は3DCGの力を借りながらアニメーション的な空間を実現させるようになってきたが、役者の身体の表象も3DCGによって柔軟にその姿を変えるようになってきた。役者の生の肉体にはアニメーションのような可変可能性はない。しかし、ジム・キャリーの肉体だけは例外だ。彼の肉体は鮮やかに、軽やかに、アニメーションと実写の境を超えてしまう。なぜなら、彼の肉体には、アニメーションの特質「原形質性」が宿っていると言ってもよいほどに柔らかいからだ。

この論考では、もっぱらアニメーションを論じる時に用いられる「原形質性」をキーワードに俳優ジム・キャリーという生身の俳優の魅力をひも解き、映像がリアリズムの原則から解き放たれた時代に、リアリズムとは別の見方で俳優を論じる可能性を探ってみる。

原形質性とは

原形質性とは何か。この言葉を最初に用いたのは、映画の基礎教養ともなっているモンタージュ理論の提唱者セルゲイ・エイゼンシュテインだ。彼自身はアニメーションを作っていないが、アニメーションに関する優れた論考も残している。

原形質性とは、アニメーションにおける自由な形状変化を指す言葉だ。アニメーション研究家の土居伸彰は、エイゼンシュテインが自由に身体を伸縮させるディズニー作品のキャラクターに魅了され、以下のような言葉を残したことを紹介している。

一度定められれば永久に固定される形状という拘束の拒絶。硬直化からの解放。ダイナミックにいかなる形状をも取りうるという能力。この能力を私は「原形質性」と呼ぼうと思う。ドローイングによって具現化された存在は、形状を定められ輪郭を決定されていたとしても、原初的な原形質のようにふるまうからである。[*1]

原形質的なアニメーションの魅力を存分に発揮する、近年の映画監督の例として最も適切なのは湯浅政明《ゆあさまさあき》監督だろう。『夜明け告げるルーのうた』（2017年）の水の自在な動き、人魚のルーをはじめとするキャラクターたちの伸縮自在な身体がわかりやすい例だが、湯浅作品のキャラクターたちは常に自由に身体を伸び縮みさせる。こうした形状変化は、実写作品にはない、アニメーション独自の魅力として多くの作品に大なり小なり見られるものだ。原形質性は、実写作品にはないアニメーション独自の魅力として多くの研究者が言

＊1　土居伸彰「柔らかな世界」、加藤幹郎＝編『アニメーションの映画学』臨川書店、2009年、P66

及してきた。

しかし、エイゼンシュテインはアニメーション以外にも原形質的な魅力を見出している。映画批評家の今井《いまい》隆介《りゅうすけ》は、エイゼンシュテインが「ルイス・キャロルの『不思議の国のアリス』やドイツの児童小説の挿絵、日本の浮世絵において描かれてきたような柔軟に伸び縮みする身体の例を列挙し、ニューヨークのナイトクラブで骨や関節がないかのように身体をくねらせるスネーク・ダンサー」などにも原形質性を見出していると語っている。[*2] 原形質性の魅力は確かにアニメーションにおいて大きく発揮されるが、提唱者のエイゼンシュテインはそれにとどまらない、普遍的な魅力を持った形式と見ていたのだ。

土居は、原形質性とはビジュアルレベルの変化のみを指すわけではなく、その神髄は見る者の意識のなかに生まれる変容、「具体的なかたちをもたない抽象的な『メタファー』を流転させる能力」のことで、現実に対して新たな理解をもたらすものだと自著で指摘しており、その概念は単純にアニメーションの表面的な形状変化のみを指すものではなく、幅広く応用の効く概念へと拡張を試みている。[*3]

＊2　今井隆介「〈原形質〉の吸引力」、加藤幹郎＝編『アニメーションの映画学』臨川書店、２００９年、Ｐ21
＊3　土居伸彰『個人的なハーモニー　ノルシュテインと現代アニメーション論』フィルムアート社、２０１６年、Ｐ３２７

『マスク』のCGはジム・キャリーの肉体を必要とした

今日、実写映画においてさえ、肉体の可変性は3DCGによって実現されている。そのことを端的に証明した作品が、ジム・キャリーの出世作のひとつ『マスク』(1994年)だ。本作の驚きは実写とアニメーションの垣根を払い、アニメーション並みの原形質的な魅力を実写映画で再現したことにある。

奇妙なマスクを拾った冴えない銀行員が、そのマスクをかぶると緑色の顔をした怪人に変身する。その怪人は、身体を自由自在に伸び縮みさせ、コミックキャラクターのように目玉が飛び出す。カートゥーン的なデフォルメを違和感なく実写映画に持ち込んだことが高く評価され、当時の観客に驚きを与えた。しかし、この映画の成功はCG技術だけで語れるだろうか。CGによる肉体の可変可能性に説得力を与えたのは、CGなしでも顔面をしなやかに動かせるジム・キャリーの存在だったのではないか。本作のCG技術は90年代としては確かに先進的で今観ても色褪せないが、CG未使用パートでも変幻自在に顔の筋肉を変化させるジム・キャリーの卓越した芝居があったからこそ、ダイナミックな形状変化に観客はリアリティを感じたのだ。

『マスク』という作品自体、原形質的なメタファーにあふれた作品でもある。主人公が初めてマスクをつける直前に、カートゥーン・アニメーションをテレビで観ていたのは偶然ではない。金目当てのゴロツキに風船アートで犬やマシンガンを作ってみせるシーンも、なんにでも形状を変化させる原形質的な本質をとらえている。

凡百《ぼんぴゃく》の役者が『マスク』の主演を務めたら、いかにCG技術がすごくともリアリティを得ることはなかっただろう。実際、ジム・キャリーが出演していない『マスク2』（2005年）は、前作の制作から11年が経過し技術は向上しているはずなのに散々な出来だった。ジム・キャリーという原形質的な肉体を持つ役者がいたからこそ、あのカートゥーン的な世界と現実空間とが違和感なく混在できたのではないだろうか。

『ソニック・ザ・ムービー』の「無意味」な踊りの重要さ

『ソニック・ザ・ムービー』は、そんなジム・キャリーの原形質的な魅力を堪能できる作品だった。本作で彼が演じるのは悪役のドクター・ロボトニックだ。マッドサイエンティストでソニックのスーパーパワーを手に入れるために、自ら開発した兵器でソニックを追い詰める。本作で、ジム・キャリーは自らの肉体とセンスを生かしてコミック的な芝居を惜しげもなく披露しており、それこそ、生身の肉体でフルCGのソニックとリアリティレベルで肩を並べていると言っても過言ではない。

本作で筆者の最も印象に残ったシーンは、ジム・キャリーのダンスシーンだ。大筋のストーリーの中では、およそ必要とは思えないダンスシーンがなぜか用意されているのだ。

このロボットダンスとパントマイムとスラップスティックコメディを足したようなシーンを作った真意は製作者たちに聞かねばわからない。しかし、この無意味なダンスシーンは無意味であるがゆえに重要だ。

エイゼンシュテインは、ディズニーのアニメーション『人魚の踊り』（1938年）の形状変化に「純粋に形式的なもの」の素晴らしさを発見したのだと今井隆介は語る。

> 小鳥のさえずりが意味ではなく音の響きそれじたいで聴く者の耳を楽しませてくれるように、ディズニー作品は内容というよりもむしろ形式において観客を解放する。[*4]

「純粋に形式的なもの」とは、平たく言えば意味や目的よりも、純粋な楽しさを追求したものということだ。このシーンのこのエピソードが物語の中でこういう意味があるとか、

*4 「〈原形質〉の吸引力」、『アニメーションの映画学』、P19

このように解釈できるとか、そのような意味に還元されることのない、純粋に楽しませることだけの「無意味」なもの。このダンスシーンには「純粋に形式的で無意味なもの」の魅力が溢れている。

エイゼンシュテインが原形質性を発見したのはディズニーの『人魚の踊り』で、同時に彼はスネーク・ダンサーにも原形質性の魅力を見出していた。ダンスという抽象表現は、そもそも原形質的な魅力を発揮しやすいのかもしれない。

もうひとつ蛇足的に付け加えるなら、ここでジム・キャリーが披露したのがパントマイムだったことも興味深い。パントマイムという技術は、一言で言うと「現実を再構築させる」ものだ。[*5]

現実をつぶさに観察し、現実そのものを正確に再現するのではなく、重要なエッセンスをデフォルメすることで、見る者にリアルだと知覚させる。それはドローイングによってエッセンスを抽出し強調させることで、人間のリアリティを追求するアニメーションとど

＊5　藤倉健雄「パントマイムにおける模写的表現…イメージの再構築について」、『バイオメカニズム学会誌』Vol. 29、No.3、バイオメカニズム学会、2005年
https://www.jstage.jst.go.jp/article/sobim/29/3/29_3_133/_pdf（最終確認日2023年5月28日）

こか似ていないだろうか。

ちなみにここでジム・キャリーが披露している、恐竜に食われて首がなくなるパフォーマンスは、ディック・ヴァン・ダイクのTVショー『ザ・ディック・ヴァン・ダイク・ショー』（1961〜1966年）のオマージュだそうだ。[*6] ディック・ヴァン・ダイクと言えば、実写とアニメーションの融合に挑んだディズニー映画『メリー・ポピンズ』（1964年）に出演していたことで知られる。

デジタル時代の芝居の価値

ジム・キャリーの肉体は唯一無二だ。ゴムのようにしなやかな肉体と表情筋で、軽やかに実写とアニメの境界を超える彼の肉体は、デジタル時代の映画において特権的な優位性を持っている。

映画が現実を記録するリアリズムをベースにするのであれば、役者の芝居もまた、現実の人間のような自然さを表現すべきだろう。それも確かに素晴らしい。しかし、今日、デ

＊6 "I'm very hip-centric!" Sonic's Jim Carrey on his Dr. Robotnik dance moves. https://www.youtube.com/watch?v=RrhWFlnq8UA（BBC Radio 1 YouTube チャンネル、最終確認日2023年5月28日）

ジタル時代に実写とアニメーションの境がなくなり、リアリズムの原則から映像が開放された時、芝居の価値を測る物差しはリアリズムだけではないはずだ。彼の原形質的な魅力に溢れた唯一無二の肉体から繰り出される芝居は、いかなるリアリティレベルにも対応可能な柔軟さがある。実写の映像作品すら「一度定められれば永久に固定される形状という拘束の拒絶」を始めている今、俳優の評価も異なる物差しが導入されても良いはずだ。原形質性を入り口に、アニメーションの目線で役者を評するのは、その一例として面白いのではないか。

AIで復活したヴァル・キルマー『トップガン マーヴェリック』

2022年6月20日に世界興行収入が9億ドルを突破し、トム・クルーズにとって最大のヒット作となった『トップガン マーヴェリック』(2022年)。天才パイロットのマーヴェリックを演じるトム・クルーズら俳優陣は、時速600マイル(約965㎞)で飛ぶ本物の戦闘機に乗り込み、強力なG(重力加速度)にさらされながら過酷な撮影を行ったと話題を集めている。

そんな本作に、三十六年前の前作『トップガン』(1986年)でトム・クルーズのライバル役アイスマンを演じたヴァル・キルマーが出演していることは、二重に感動的なことだった。

「声が失われても表現する情熱は失われていない」

かつてハリウッドのトップスターだったヴァル・キルマーは喉頭がんを患い、その治療過程で発声機能に障害を持つことになった。それゆえに、彼の俳優としてのキャリアは絶たれてしまったのではないかと考えられていた。そんな彼がスクリーンでトム・クルーズと一緒に映っている姿は、往年の『トップガン』ファンが待ち望んでいたものが見られたというだけでなく、病気で声を失った俳優がふたたびスクリーンで輝ける方法を提示したという意味で、意義深いことだった。その二重性を映画製作側も認識していたからか、本作でアイスマンは、本人同様喉頭がんで声を失った人物として描かれた。そして、そんな彼が絞り出す少ない台詞は、マーヴェリックと観客の胸を打った。

このアイスマンの台詞はＡＩによって作られたと報じられている。英国のテック企業Sonanticが、彼の昔の声を集め、ＡＩ技術によって声を再現するプログラムを開発したのだ。ヴァル・キルマーは、同社のYouTubeで「声が失われても表現する情熱は失われていない。自分という人間はまったく変わっていない。この技術によって、再び自分を表現できるようになった」と喜びを語っている。[*7]

＊7 Hear Val Kilmer's AI voice—Sonantic
https://www.youtube.com/watch?v=OSMue60Gg6s
(Sonantic YouTube チャンネル、最終確認日２０２３年5月28日)

テクノロジーは、障害を「障害」でなくする可能性を持っている。筆者はメガネをかけて生活しているが、メガネという技術革新が生まれる以前の時代では、視力が低くなるだけでまともに生活できなかったはずだ。声を失ったヴァル・キルマーを復帰させたこの技術は、彼以外にも多くの人を救うことができるだろう。

しかし、この技術革新は感動的であると同時に、これまでの評価の仕方では映画を観ることはできなくなると思わずにはいられない。そしてその流れは、実はずっと以前から始まっていることでもあったのだ。

吹替の言語に合わせて、俳優の口の動きが変化

ＡＩ技術の映画製作への活用は音声に留まらない。近年の映画では、回想や過去のシーンでも別の役者を起用せずに本人を若返らせる「ディエイジング」と呼ばれる技術が利用されているが、これもＡＩの機械学習によるものだ。

映像表現に関するＡＩ技術の利用で話題になったものといえば「ディープフェイク」がある。あまりにも本物そっくりな人物を自由にしゃべらせ動かすことができてしまうこの技術は、真贋《しんがん》不明な情報を増やすのではと警戒されている。しかし、映画においては同様

の技術はいたるところで活用され始めている。

外国語映画を吹替版で観たとき、台詞と唇の動きが一致していないことに違和感を覚えたことのある人は多いだろう。英国の映画監督でありテック企業 Flawless の共同創業者スコット・マンは、自身の作品の外国語吹替版がひどい出来だったことに失望し、AI技術を用いて俳優の口の動きをそれぞれの言語に合わせるプログラム「TrueSync」を開発した。同社が公開したデモ映像では、『フォレスト・ガンプ 一期一会』（1994年）のトム・ハンクスが日本語に合わせて口を動かしているのが確認できる。[*8]

AIを活用しているのはフィクションの大作映画だけではない。2022年に日本でも公開された『チェチェンへようこそ ―ゲイの粛清―』（2020年）は、政府主導による「ゲイ狩り」が横行しているチェチェン共和国から脱出する性的マイノリティーたちを支援する活動を追いかけたドキュメンタリー映画だ。本作では出演者の安全のために身元を隠す必要があるので、ディープフェイク技術を応用した「フェイスダブル」という手法が採用されている。

＊8 「Is that Tom Hanks speaking in Japanese? No, it's just AI」ロイター
https://jp.reuters.com/article/us-tech-film-dubbing-idCAKCN2D012A 最終確認日2023年5月28日）

これは、協力者の顔をブルーバックで撮影し、本人たちの表情と合わせてマシンラーニングによって表情を作りだし、出演者の顔に被せるというものだ。この技術によって、よくあるモザイクや変声処理のように「匿名の誰かさん」という印象を与えることなく、感情を持った一人の人間として映画内に登場させながら対象者の安全を保証することが可能となった。

デジタル技術が一般化した先にある演技の評価基準

筆者は先に紹介したSonanticの動画について、ヴァル・キルマーが「語っている」と書いた。だが、「語っている」のはヴァル・キルマーだと直ちに考えていいのだろうか。なぜなら、この動画の音声を生成したのは本人ではなく、ＡＩプログラムだからだ。

この問いはこれからの映画を考えるうえで、大変に重要なポイントになると筆者は考えている。なぜなら、「役者の演技は誰が作るのか」という問いにつながるからだ。『トップガン　マーヴェリック』のヴァル・キルマーの場合は、自身の声をサンプルにＡＩが音声を作っているために、映画の中のアイスマンの芝居は概ねヴァル・キルマー自身が作り上げたものと言っていいかもしれない。しかし、声の細かい抑揚やトーンなどは本人以外の誰かがコントロールしたともいえる。
外国語の吹替に合わせて役者の口の動きを変える例は、「その表情は役者によるものなのか」と、よりラディカルな問いかけを観客に与えることになるだろう。さらに、この技術の先には、極端な話、棒読みしかできない、満足に感情を表情にできない大根役者に名演技をさせることも可能な未来があるのではないか。
一部の映画監督やプロデューサーの間でこうした技術に関する関心は高まっているとWIREDは指摘しており、すでにリアルタイムに撮影現場で俳優の加工を確認できるツールも登場しているという。[*9]
毎年、多くの映画祭や映画賞で俳優が表彰されているが、それらの賞は俳優個人に贈られる。基本的に演技賞とは俳優個人の卓越した表現を称えるものだが、この技術が一般化したとき、我々はどのように演技を評するべきなのだろうか。俳優個人による表現だった

＊9　Will Knight「This AI Makes Robert De Niro Perform Lines in Flawless German」
https://www.wired.com/story/ai-makes-de-niro-perform-lines-flawless-german/
（WIRED、最終確認日2023年5月28日）

演技は、今後は俳優だけでなくITエンジニアやCGアーティストらのチームで創造するものになるのかもしれない。

こうした議論は、本来すでに始まっていなくてはいけないと思う。すでに誰の演技なのかわからない映像は世の中にあふれているからだ。サンドラ・ブロックは、『ゼロ・グラビティ』（2013年）の演技でアカデミー主演女優賞候補となった。彼女のパフォーマンスはたしかに素晴らしいものだったが、宇宙服を着ているシーンなどではモーションキャプチャが使用されており、本人のボディは顔しか映っていない時間も多かった。[*10] ということは、この映画の彼女の演技を絶賛した人は、誰の演技を褒めたことになるだろうか。サンドラ・ブロックか、それともモーションアクターの演技か。だが、『ゼロ・グラビティ』公開時にこうした議論はあまり大きく起こらなかった。

一人のキャラクターの演技を複数人のチームで作り上げるというのは、ある種アニメーションがやっていることに近い。アニメーションの演技は、アニメーターたちがキャラク

---

*10 Mike Seymour「Gravity: vfx that's anything but down to earth」https://www.fxguide.com/fxfeatured/gravity/（fxguide、最終確認日2023年5月28日）

ターのキーとなる演技を描き、作画監督が修正し、動画や仕上げ工程を経て仕上がった絵の演技に声優が声を入れることで形作られていく。実写映画も今後、キーとなる芝居は役者本人が提供し、動きや表情の調整をCGクリエイターが行い、外国で上映する時には声優が声を当てるのに合わせて顔の動きを変えるということが当たり前になるかもしれない。

ＡＩ技術を含むデジタル技術の発展は、映画とは何かを根本から考え直させる契機になっている。だが、それは何もＡＩが始めたことではない。デジタル技術が大幅に取り入れられたときから始まっていたことだ。ＡＩを活用した事例はその大きな潮流にあることだ。

ひとつ言えることは、演技が個人のものではなく、チームによるものになったからこそ、声を失ったヴァル・キルマーはスクリーンに戻ってくることができたという事実だ。ＡＩ技術は映画にこれまでになかった可能性を開くだろう、そして、その可能性の先には、今とは異なる映画の形があるだろう。

生成AI時代の芝居と心をめぐる考察

２０２３年はどの業界もＡＩの話題で持ちきりだ。映像産業も例外ではない。ＡＩの進化は恐ろしく早い。テキスト入力だけで画像や文章などが生成する「生成ＡＩ」と呼ばれるものは、２０２２年末には未熟な一枚絵を出力できる程度だったが、その数か月後にはハイクオリティの動画を生み出せるようになっている。近い将来、映画業界に大きなインパクトを与えることは間違いないだろう、多くの人がそう感じているに違いない。

本書を書いている筆者からしても生成ＡＩの進化は、大きな関心事だ。生成ＡＩは写実的な映像だろうと、アニメーション的な映像だろうとテキストのみで出力可能だし、実写映像をアニメーションに変換することも、その逆も可能にする。現実を記録した映像と生成された映像を人間の目で見分けることが不可能な時代がやってくるのはこれで確実になったし、これまで熟練の職人にしか作れなかった映像も、多くの人が制作可能となる。ますます映像イメージが世の中に氾濫していくことになる。

このような時代に、実写とかアニメーションとかに何の違いがあると言えるだろうか。

記録されているわけでもない、フレームごとに手作業でイメージを作り上げているわけでもない、ＡＩが自動で生み出す「どちらでもない」映像の大量氾濫時代がやってくるわけだ。

それは面倒そうな時代だなと思うと同時に、どんな新しいものに出会えるだろうかと興奮もする。ＡＩはこれまでの業界の慣習を破壊するだろうし、同時に映像に新たな何かをもたらすかもしれない。実際、ＳＮＳでは毎日のように技術が更新されては興味深い映像が生み出されており、それを見るだけでも面白い。想像するに、映画史初期に人々が動くだけの映像に興奮した原初的な感動に近いのではないかと思う。

生成ＡＩの映像業界的インパクト

スティーブン・スピルバーグ監督のＶＲを題材にしたＳＦ映画『レディ・プレイヤー１』に出演していたタイ・シェリダンが創業したWonder Dynamicsが２０２３年に発表した、あるＡＩツールは多くの人に衝撃を与えた。同社が発表した「Wonder Studio」は、実写映像から自動的にＣＧアニメーションを生み出し、照明から合成まで行ってくれる。生身の人間の動きをＣＧキャラクターに反映させるためには、従来なら専用のスーツを必要とするモーションキャプチャが必要だったが、Wonder Studio ならスーツを必要とせず、カメラで撮影さえできればCGアニメーションのキャラクターを生成可能になる。また、従来のようにフレーム単位で作業する必要もないという。

2023年3月に公開されたデモ映像は、実際には様々な手作業で調整していると思われるが、CG専門メディア「CGWORLD.JP」は「工程を効率的にブレイクダウン、各作業ステップをAIに委ねる事に成功しているのは驚き」であり「多くのクリエイターが低価格で質の高いVFXを発信できるようになる」可能性があるという、CGアドバイザリーの言葉を紹介している。また、別の識者は、「コンピュータが発達して、AIが人間のクリエイティビティーの真の助け手となって、想像するだけでダイレクトに映像化される、そんな日が来るのかもしれません」と感想を述べている。[*11]

テキストから映像を生み出すツールもすでに登場し、SNSでは多くの動画が出回っている。それらの多くは今のところ、個人の戯れかもしれない。だが、すでに一部でAIに

*11 「『レディ・プレイヤー1』主演俳優が開発。CGキャラクターを自動で実写に合成するAIツール「Wonder Studio」が登場。プロダクションにどんな変化をもたらすか現場目線で考察。」https://cgworld.jp/flashnews/202304-wonder-dynamics.html（CGWORLD.JP、最終確認日2023年5月28日）

よる映像生成は実践投入が検討されている。アメリカの人気バンド、Linkin Parkは、2003年の未発表曲『Lost』のミュージック・ビデオを、画像から動画を生み出す「Kaiber」というＡＩツールを用いて作成した。[*12]

Netflixは、アニメの背景をＡＩで作成するデモ映像『犬と少年』（2023年）を公開。クリエイターを補助するツールの開発を目指して作られた実験的な映像だ。[*13]

事例を挙げればきりがないほど生成ＡＩの世界は百花繚乱といった状態だが、写実的な映像をアニメーションに、またはその逆に変換するツールも広がり、映像の世界はますます混沌としてくるだろうという想像はできる。ＡＩツールの多くは、クリエイターにとって脅威にも、クリエイションを力強く後押ししてくれるものにもなり得る。現状、どちらにも可能性は開かれており、今後、既存のクリエイター団体や開発者たちがどう舵取りしていくのか、注視し続けていく必要がある。

*12 「Lost［Official Music Video］-Linkin Park」https://www.youtube.com/watch?v=7NK_JOkuSVY（Linkin Park YouTube チャンネル、最終確認日2023年5月28日）

*13 「Netflix クリエイターズ・ベース、rinna とWIT STUDIOとの共同制作プロジェクト、アニメ「犬と少年」を公開。クリエイター支援の可能性に一手を。」https://about.netflix.com/ja/news/the-dog-and-the-boy（Netflix、最終確認日2023年5月28日）

役者にとってAIは天啓か、天敵か

ＡＩ技術は、先に紹介したヴァル・キルマーの例のように、生身の役者をアシストすることにも活用されることになるだろう。同時に俳優たちの間には、ＡＩの発展が役者の立場を危うくするとのではという懸念もくすぶっている。

その懸念は無理もないだろう。TikTokの「@deeptomcruise」というアカウントで公開されたトム・クルーズのディープフェイク映像は、本人は一切関与していないが、誰が観ても本人としか思えないほどに精巧だ。制作者の高い技術がなせる業ではあるのだが、制作した視覚効果アーティストのChris Umeは「人工知能（ＡＩ）モデルのトレーニングに2カ月、動画の撮影に数日、撮影後の編集には、それぞれの動画について約24時間を費やした」と語っている。[*14] ハリウッドきってのスーパースターを数ヶ月で作れるということを証明したとも言えるわけで、俳優たちが脅威を感じるのも当然だ。

この先には、故人をＡＩで復活させるという選択肢も出てくる。日本では、テレビアニ

＊14　Abrar Al-Heeti［矢倉美登里＋吉武稔夫（ガリレオ）＝翻訳校正］「TikTokで話題となったトム・クルーズのディープフェイク動画、制作者が事情を語る」https://japan.cnet.com/article/35167468/（CNET Japan、最終確認日２０２３年5月28日）

メ『北斗の拳』（１９８４年）のラオウ役などで知られる声優の故・内海《うつみ》賢二《けんじ》の声をＡＩでよみがえらせた朗読つきの電子書籍がすでに配信されている。長期アニメシリーズは声優の高齢化という問題は避けて通れないが、ＡＩがそれを解決してしまう可能性がある。また、トム・ハンクスはポッドキャスト番組で「私が明日バスにひかれても、私の演技は続くだろう」と役者の死後もＡＩによって活動する時代が来るだろうと発言している。[*15]

　こうした懸念は、３ＤＣＧの活用が本格化した時にもあった。しかし、どれだけＣＧ技術が発達しても俳優は今も映画の中心であり続けている。その前例を考えれば、ＡＩ時代にも役者という職業はあり続けるのかもしれない。だが、危機感はすでに広く共有されており、俳優たちは権利を訴える活動を活発化させている。[*16] ２０２３年7月、米俳優組合（ＳＡＧ－ＡＦＴＲＡ）はＡＩ使用に関する制度の整備を求めて大規模なストライキを実施。この原稿を執筆している時点（２０２３年10月上旬）でも収束しておらず、余談を許さない

*15 「トム・ハンクス、ＡＩの到来で「明日バスにひかれても、私は演技を続けることになる」
https://eiga.com/news/20230524/6/（映画.com、最終確認日２０２３年5月28日）

*16 「アングル：「ディープフェイクから守って」、声優や俳優が権利訴え」
https://jp.reuters.com/article/tech-entertainment-ai-idJPKCN2N60DT（ロイター、最終確認日２０２３年5月28日）

状況が続いている。このストライキは、一足先にストライキに突入した全米脚本家組合（WGA）もAI規制を求めており、2023年はハリウッドにおいてAIが作中のネタではなく現実の脅威として認識された年として記憶されることになるだろう。

権利問題について検討することも重要だが、筆者としては、「AIに演技はどこまで可能なのか、そもそも演技とは何なのか」という点に着目したい。俳優たちの芝居の力というのは、テクノロジーに還元可能なのだろうか。俳優たちは内面から感情を作り、それを表出する。機械が台詞を読み上げるのとは違って、俳優は「心」を使っているのだから、AIが俳優に取って代わることはないだろう、そう思っている人は多いのではないだろうか。ハリウッドの俳優に多く取り入れられているメソッド演技は、内面から感情を作って、その結果動きが表出されるという考えに基づく演技法だ。AIに心はない（おそらく、今のところは）。したがって、内面から演技を作り出すという芸当は不可能だろう。そもそも心とは何なのかという終わりのない議論をすることもできるが、ここでは漠然と心という内面が人にはあるという前提で進めよう。そして、実際に俳優に心は必要なのかということのみにフォーカスすることにする。

演技に限らず、創作全般には「心」が大事だと信じられている。とりわけ、俳優は感情を操る仕事だと思われている。しかし、本当にそうなのだろうか。この問いを掘り下げる一人の演出家がいる。平田《ひらた》オリザだ。

俳優に心は必要か

平田オリザは「青年団」という劇団を主宰する、日本を代表する劇作家・演出家だ。彼の提唱する「現代口語演劇」はまるで話し言葉のように平易なトーンで俳優たちが台詞を口にし、舞台演劇一般に想像されるような「大袈裟な口調や身振り」はない。率直な印象として、とても自然だと感じる芝居を指向している。

平田の芝居を見た多くの人は、その自然さに、俳優たちの芝居が内面から生まれていると感じるだろう。だが、平田は「役者に心はいらない」とか「役者を将棋の駒のように扱う」と言ってはばからない。しかし、それは俳優を支配し、独裁的に振舞うという意味では決してない。

平田の演出は、とても具体的だ。「もう0・5秒間を開けて」とか、あと「何ミリ右に移動して」とか、極めて細かい指定を行い、「もっと感情を込めて」のような曖昧な指示は出さない。平田は芝居による感情表現は全て外面の操作を細かく行うことによって可能になると考えている。

平田にとっての演技とは、ダンスの振り付けに近い。平田の指示通りに正確に動けば、俳優がわざわざ感情を内面に作ったり、感情を込めて台詞をしゃべらなくても、観客はその芝居に心を感じるのだという。平田は、演出家は全てを言葉でコントロール可能とし、戯曲にはそれは全て書かれていなくてはならないと考えている。そのように正確に俳優たちを駒のように動かすことで、リアルな芝居を生んでいるのだ。[*17]

その考えを究極的な形で実践したのが、「ロボット演劇」だ。これは文字通り、ロボットに演劇をさせる試みで、大阪大学のロボット工学者、石黒浩と組んで行ったものだ。平田の演技指導はきめ細かく具体的で、それはある種俳優をロボットのように正確に作動させることを目的とする。ならば、プログラム通りに正確に作動することが保証されるロボットにも芝居ができるのではないかという問いを実演したわけだ。

＊17　平田オリザ『平田オリザの仕事〈1〉現代口語演劇のために』晩聲社、1995年、P66

平田はロボット演劇において、人が絡まないロボット二体のみのシーンを作っているが、そのシーンで観客は涙を流したと述懐している。ロボットには内面はない。プログラムされた通りに動いたり喋ったりしているだけである。その外面的な振り付けしかないロボットの動作だけで、観客は感情を感じて泣いたのだ。[*18]

ロボット演劇のメリットとデメリットについて、平田は次のように語る。

20分の芝居で30か所くらい、ここをちょっと、と言って、0・01秒単位で間の設定とかができるんですが、まあ0・01秒は私が知覚できないんで、だいたい0・5秒くらいとか、0・3秒くらい、短くしてとか、長くしてくださいとか。それを直すのにずいぶん時間がかかるんですね。一晩はかからなくても何時間かかかるので、その間待ってなきゃいけない。人間だとすぐ直る、すぐ直るんですけど、適当にしか直らない、ロボットは直ったら、ずっとそのまま徹底してやってくれるんで、その時間感覚が違う。[*19]

＊18　佐々木敦『即興の解体／懐胎 演奏と演劇のアポリア』青土社、2011年、P310

＊19　平田オリザ＋石黒浩「対談ロボット演劇「働く私」」、「ロボット演劇：ロボットが演劇？　ロボットと演劇!?」大阪大学コミュニケーションデザイン・センター＝編、大阪大学出版会、2010年、P18

人間に細かい修正指示を出しても正確に芝居を直せないが、ロボットはプログラムの修正に時間はかかるが正確に芝居を直すことができる。しかも、疲れ知らずでずっと同じ芝居が可能となる。平田のように高度に芝居をプログラムできる演出家がいれば、人間の俳優は全てロボットに取って代わられても問題ないのかもしれない。

平田はこの点について、評論家の佐々木敦《ささきあつし》との対談で、「100年後には（人間の俳優は）ロボットに置き換わっているかもしれないが、自分が生きている間は技術的な問題がある。今のところ最高のロボットは人間だ」という主旨の発言をしている。[20]

平田は、即興的なアクシデントすらランダムに発生するようプログラムで実現可能だという。もしそうであるなら、ＡＩによってさらなるハイレベルなデータ解析が実現した暁には、あらゆるタイプの芝居をプログラムで生成可能となってもおかしくない。ＡＩ俳優の巧みな演技に人間の観客が涙する日が訪れるのもそう遠くないかもしれない。少なくとも、ロボットの芝居を見て涙している人はすでに存在しているのだ。

ただ、ロボット演劇で観客に涙を流させることができるのも、平田の演技プログラムが

＊20　『即興の解体／懐胎　演奏と演劇のアポリア』、Ｐ３１４

高度だからであって、平凡な演出家に同じことができるかどうかわからない。平田のように全てを言語で指示できる演出家は、生成AI時代には大きな強みを発揮するだろうと個人的には思う。生成AIの時代が到来して、言葉であらゆるものを出力させる「プロンプト」が注目されている。平田の俳優への演技指導は「プロンプト」として優秀なのだ。彼の演劇創作法のように、あらゆる創作は言葉でコントロールされるようになるのかもしれない。世界には言葉で表現しきれない曖昧な領域があると信じているばかりでは、前に進めない時代が訪れるのだろうか。

そして、生身の俳優の芝居がプログラム可能ならば、アニメーションの芝居もプログラムで生み出せると想像するのは難しくない。熟練のアニメーターによる巧みな芝居は、彼ら・彼女らの洗練された技術と「心を込めて」描いた絵によるものと、我々は信じているかもしれないし、そう信じ続けたいと思うのだが、平田オリザの考えに基づけば、これもまたプログラムで生み出すことが可能なのだろう。これまで積み重ねられてきたアニメーション芝居のテクニックを、AIはこれからどんどん学習していくだろう、そして、それを自在に使い倒せる日が訪れるかもしれない。

心の問題は、俳優やアニメーターに限らず、全ての創作において重大事である。「演技に心は必要か」という問いは、より広く「創作に心は必要か」という問いに拡張できる。生成AI時代は、創作における「心」とは何なのかがこれまで以上に深く問われることになるだろう。

俳優、アニメーターに未来はあるか

AIの時代は、外面的なプログラム制御だけで心を感じる芝居を生み出せる可能性を飛躍的に高めるだろう。アニメーションであるか、実写であるかという問題を超えて、全てはプログラムによって生成可能な時代がやってくる。今後、我々は映像作品を批評する上でそれを前提にすべきだと筆者は考える。もっと言えば、実生活においても「映像とはそもそも生成されたもの」だという認識が必要だろう。

この時代に生身の俳優や手描きのアニメーターの価値が失われるかどうか、まだわからない。俳優たちはCG時代を生き延びたし、日本の手描きアニメーターもCG時代を生き延びている。むしろ両者は、新たなテクノロジーによって危機を募らせつつも、相対的に自らの価値を再発見した面もあるように筆者には思える。生身のアクションで身体を張るトム・クルーズに観客は拍手喝采し、3DCG全盛だったアメリカのアニメーション業界

は『スパイダーマン：スパイダーバース』（２０１８年）の登場以降、手描きのテイストを重宝するようになってきた。

生成ＡＩ時代が同じように推移するのかどうかは、わからない。ＡＩはいまのところ「ツール」であって、重要なのは人間のクリエイティビティであるが、クリエイティビティの本質は何か、これから一層深く模索する必要があるだろう。

あとがき

本書は2020年からリアルサウンド映画部で始まった連載を基にしている。連載開始から3年が経過したが、アニメーションと実写の混淆はこの間にも随分と進行した。映像は世の中にますます氾濫し、映像の加工は身近なものとなり、ディープフェイクは増加し、生成AIの登場によってあらゆる映像が手軽に生み出せるようになりつつある。連載テーマは筆者自ら設定したのだが、実写とアニメーションに二分して映像を捉えることが今後ますます困難になると直感したから選んだ。その直感は間違っていなかったと思う。

近年の映像作品を鑑賞している時に感じていた疑問を率直に出したかった。実写とアニメーションが混淆してきていることが明らかな時代、様々な先行研究がある中で、自分なりの視点を提供できるだろうかと、自分で提案しておきながら不安だったのだが（独自の視点をひねり出せたかわからないが）、なんとか一つの形になってほっとしている。

実写もアニメーションも両方好きな自分にとって、どちらもフラットに評価していける土壌がもっと増えて欲しいという願いも本書には込められている。筆者は、アカデミー賞レースが実写とアニメーション作品が同数ぐらいになる時代を夢見ているし、演技賞の発展的な形として実写・アニメーション問わず、キャラクターの表現力を競う賞が新設されてもいいと思う。演技を構成する要素が、俳優個人の資質に還元しきれなくなる時代には、アニメーションのキャラクターも実写映画の登場人物も、どちらも複数の人間がかかわり生み出されるのならば、両者を同じ土俵で評価することも、将来的には不可能ではないのではないか。

実写作品もアニメーション作品も、制作過程はどんどんハイブリッドになってきている。大作ハリウッド映画のVFXの比率は年々上がっているし、アニメーション作品でも、例えば『THE FISRT SLAM DUNK』（2022年）は生身のプレイヤーのモーションキャプチャ・データをベースにアニメーションを構築している。『アバター』のように生身の演者を起用した点は実写的だが、その後の制作過程はCGアニメーションのそれであり、さらに手描きで多くの調整を施している点で手描きアニメの要素もふんだんにある。しかも、そんな混淆した手法でマンガのような絵柄を動かすということに挑んでいる。実写もアニメもマンガも融解し、混ざり合った作品なのだ。

連載をすすめながら、20世紀の映画のあり方が映像の全てではないのかもしれないと筆者は感じていた。映画史初期には混淆としていた映像文化はデジタル時代に再び融解し、全てが混然一体となっていく。事実の記録をベースとする映像の捉え方は20世紀特有の感覚となり、映像とは絵画のようにゼロから生みだされるものとなるのではないか。そうなると、20世紀の映画文化は、後世から振り返ると特殊な時代だと振り返られるようになるかもしれない。2022年末から生成AIの急速な発展を目の当たりにして、その思いはますます筆者の中で強くなっている。

とはいえ、目の前の事象を正確に写すカメラの存在は、社会の中で大きくなり続けている。スマートフォンで誰もが気軽に現実を切り取れる時代、記録行為が消失することはあり得ない。しかし、技術の発展は、記録した現実を即、手のひらの機械で加工・変形させることを容易にしている。それらをAIが自動化してくれる時代になるかもしれない。本書の第3章でも言及したように、映像のデジタル化はテクスチャーの選択肢を広げた。AIは実写映像をアニメーションに変換したり、その逆も容易にする。そういう時代に映像作品を作る時、作り手はどんなテクスチャーにするのかという選択を迫られる。AIこそ使用していないが、あえてコミックのようなテクスチャーを目指した『THE FIRST SLAM DUNK』や『スパイダーマン：スパイダーバース』（2018年）といった作品は、そうした問題意識を先取りしている。AIは、デジタルに次ぐ新たな大波だ。この大波に揉まれながら、融解していく実写とアニメーションの境界を眺めながら、両者を横断して一体となった批評の視座を獲得する必要性を感じていた。そうしないと現代映画の姿を捉えることはできないのではないか、筆者はそう確信している。

これからの時代、映像にはこれまで以上に「意志」が問われることになると筆者は考えている。

アニメーションとはコマを操作し、運動を生み出す技術だ。そこには「コマを動かす、コマで動かす」という意志がある。実写はかつて、人の意志を介在することなく客観的に現実を切り取れることが、諸芸術との違いであると語られた。だが、今後は積極的に、「目の前の現実を切り取るという意志」が重要になるのではないか。そこに、生成では生み出せない「実写ならでは」の魅力ある映像が宿るのではないかと筆者は考えている。

そして、ＡＩを用いた映像にも意志が重要になる。むしろ、生成ＡＩの活用にこそひときわ意志が求められると筆者は思う。ＡＩに使われないためにも、ＡＩを使う人が何を志向し、何を生み出したいのか、その意志があれば、ＡＩ時代にも映像という芸術は発展できるはずで、その時私たちは、アニメーションとも実写とも異なる、新しい「映像意志」を発見できるかもしれない。筆者は、そんな新しい意志に出くわしてみたいと思っている。

本書が生まれたのは星海社の二人の編集者、築地教介氏と戸澤杏奈氏のおかげだ。紆余曲折あった本書の企画を取り上げてくださって心から感謝している。そして、素晴らしい作品を日々、生み出してくれる無数の映像クリエイターたちに多大な感謝を。本書の執筆を終えて、映画もアニメーションも面白い時代に生まれて良かったなと心から思う。これからも映像カルチャーが面白くありますように。

2023年10月　杉本穂高

参考文献・資料

〈第1章　現代アニメに息づく映画史〉

●『劇場版「鬼滅の刃」無限列車編』公式パンフレット、株式会社アニプレックス、２０２０年
●加藤幹郎『列車映画史特別講義　芸術の条件』岩波書店、２０１２年
●長谷正人『映像という神秘と快楽〈世界〉と触れ合うためのレッスン』以文社、２０００年
●波多野哲朗「えっせい 列車と映画」、『映像研究』２００２年３月号、P83、日本大学芸術学部映画学科
●「鉄道と映画　地域鉄道フォーラム２０１９」、『交通公論』２０１９年６・７月号、P42、交通公論社
●香田史生「嵐電という電車はすごく映画館に似ているんです。『嵐電』鈴木卓爾監督【Director's Interview Vol.28】」https://cinemore.jp/jp/news-feature/702/article_p3.html（CINEMORE、最終確認日２０２３年５月28日）
●長谷正人「リュミエール兄弟のアルケオロジー」http://www.cmn.hs.h.kyoto-u.ac.jp/NO2/ARTICLES/HASE/1.HTM（CineMagaziNet!、最終確認日２０２３年５月28日）
●岩本憲児、武田潔、斉藤綾子＝編『「新」映画理論集成1　歴史／人種／ジェンダー』、フィルムアート社、１９９８年
●ダグラス・サーク＋ジョン・ハリデイ〔明石政紀＝訳〕『サーク・オン・サーク』ＩＮＦＡＳパブリケーションズ、２００６年
●斉藤綾子＝編『映画と身体／性（日本映画史叢書6）』森話社、２００６年
●「特集＝映画の心理学」、『imago』１９９２年11月号、青土社
●横濱雄二「メロドラマ的想像力とメロドラマ研究会の活動――日本近現代文学とのかかわりから」、『日本映画学会会報』第58号 htt

ps://japansociety-cinemastudies.org/kaiho/（日本映画学会、最終確認日２０２３年５月28日）
●吉澤泰輝「メロドラマ映画と盲目性──『ステラ・ダラス』をめぐって」http://www.cmn.hs.h.kyoto-u.ac.jp/CMN8/cmn-reader.html（CineMagaziNet! no.4『シネマガジネット！』読本、最終確認日２０２３年５月28日）
●土居伸彰「アニメーションが手にした新たな「跳躍」　２０１９年のアヌシーから見えてきたもの（前編）注目されつつあるゲームとアニメーションの間」https://jp.ign.com/annecy-international-animated-film-festival/37053/feature/2019（IGN Japan、最終確認日２０２３年５月28日）
●ジョナス・メカス［飯村昭子＝訳］『メカスの映画日記：ニュー・アメリカン・シネマの起源 １９５９‐１９７１』フィルムアート社、１９７４年
●田中大裕「「東アジア文化都市 ２０１９豊島」プロモーション映像・久野遥子監督インタヴュー」http://tampen.jp/article/541（tampen.jp、最終確認日２０２３年５月28日）
●d_etteiu8383「キャラモデリングを〝知ろう〟」https://trap.jp/post/1008/（東京工業大学デジタル創作同好会 traP、最終確認日２０２３年５月28日）
●「ＡＵＴＯＤＥＳＫ ＆ ＵＮＩＴＹ」https://www.autodesk.co.jp/solutions/real-time-rendering（Autodesk、最終更新日２０２３年５月28日）
●「ポリゴンとは」https://school.dhw.co.jp/course/3dcg/contents/w_polygon.html（デジタルハリウッドスクール、最終確認日２０２３年５月28日）
●田中大裕「アニメーションの歴史からみたVTuber」、『エクリヲ』vol.12、エクリヲ編集部、２０２０年
●『すずめの戸締まり』公式パンフレット、東宝株式会社、２０２２年
●『新海誠本』『新海誠本２』東宝株式会社・STORY inc.、２０２２年

- 小林白菜「映画『すずめの戸締まり』公開記念インタビュー。新海誠が「いまでなければ間に合わないと思った」、作品に込めたテーマを語る【アニメの話を聞きに行こう！】」https://www.famitsu.com/news/202211/17282112.html（ファミ通.com、最終確認日2023年5月28日）
- 土居伸彰「返事のない場所を想像する――『すずめの戸締まり』を読み解く」https://shinsho-plus.shueisha.co.jp/news/21956（集英社新書プラス、最終確認日2023年5月28日）
- 「新海誠監督、主人公・鈴芽の故郷は「岩手を想定」…現地舞台あいさつで感謝述べる」https://www.yomiuri.co.jp/culture/cinema/20221205-OYT1T50047/（読売新聞オンライン、最終確認日2023年5月28日）
- 大久保清朗「（評・映画）「すずめの戸締まり」自分語り封じ、彼方の声きく」https://www.asahi.com/articles/DA3S15471914.html（朝日新聞デジタル、最終確認日2023年5月28日）
- 藤津亮太「考察／新海誠『すずめの戸締まり』が「震災文学」である本当の理由」https://qjweb.jp/journal/78912/（クイック・ジャパン・ウェブ、最終確認日2023年5月28日）
- 「記録者インタビュー／濱口竜介さん 酒井耕さん 北川喜雄さん」https://recorder311.smt.jp/movie/21063/（3がつ11にちをわすれないためにセンター、最終確認日2023年5月28日）
- 「ひと 酒井耕 濱口竜介」［聞き手・構成：編集部］『すばる』2014年3月号、集英社
- 濱口竜介『カメラの前で演じること』左右社、2016年
- 神奈川大学人文学研究所＝編、熊谷謙介＝編著『破壊のあとの都市空間：ポスト・カタストロフィーの記憶』青弓社、2017年
- 里山社＝編『佐藤真の不在との対話　見えない世界を撮ろうとしたドキュメンタリー映画作家のこと』里山社、2021年
- 中島弘二「被災地の復興をめぐる「場所」の喪失と再構築―瀬尾夏美「二重のまち」を読む―」、『空間・社会・地理思想』、25号、大阪公立大学大学院文学研究科、2022年

- 青山太郎＋高森順子「災害の記憶伝承における映像上映の創造性―『波のした、土のうえ』をめぐる対話の場について―」https://nagoya.repo.nii.ac.jp/record/23754/files/09-02.pdf（名古屋大学学術機関リポジトリ、最終確認日２０２３年５月28日）
- 「未来と過去つなぐ　小森はるか＋瀬尾夏美展覧会「波のした、土のうえ」」https://www.sankei.com/article/20160303-7HHYYJALERLWTJYCXAWARJNVBY/（産経ニュース、最終確認日２０２３年５月28日）
- 藤田直哉＝編著『らららら　被災地の「言葉」をつなぐ文芸誌』響文社、２０１９年
- 青山太郎『中動態の映像学　東日本大震災を記録する作家たちの生成変化』堀之内出版、２０２２年
- 諏訪敦彦＋五十嵐太郎＋滝浪佑紀＋谷島貫太＋難波阿丹＋松山秀明＋渡邉宏樹「シンポジウム報告『映画、建築、記憶』――東日本大震災以降の表象の可能性を考える」、『東京大学大学院情報学環紀要　情報学研究・調査研究編』№29、東京大学大学院情報学環、２０１３年
- 増子義久「『遠野物語』の幽霊話から読み取る復興の理念【岩手・花巻発】」https://www.j-cast.com/2012/08/31144763.html（Ｊ－ＣＡＳＴニュース、最終確認日２０２３年５月28日）
- 土居伸彰「書評 Animated Documentary」https://mediag.bunka.go.jp/article/_animated_documentary-1206/（メディア芸術カレントコンテンツ、最終確認日２０２３年５月28日）
- 土居伸彰＋吉田広明＋七里圭「第6回「現実はアニメーションであり、ヒトはアニメーションになりつつある?」～世界認識のモデルとなるアニメーション表現の今～」http://keishichiri.com/jp/lectures/part2-6/（七里圭 Kei Shichiri、最終確認日２０２３年５月28日）
- 岩崎孝正「【Preview】アニメーションとドキュメンタリーが交わる??――〈ＧＥＯＲＡＭＡ ２０１４〉開催!!」http://webneo.org/archives/14923（neoneo web、最終確認日２０２３年５月28日）
- マイケル・レノフ「新しい主観性　シネマヴェリテ以降の時代におけるドキュメンタリーと自己表現」https://www.yidff.jp/docb

ox/7/box7-1.html（山形国際ドキュメンタリー映画祭、最終確認日２０２３年５月28日）
●粉川哲夫「《参照》のリアリティへ　ヴァーチャル・リアリティの時代と映像」https://www.yidff.jp/docbox/8/box8-1.html（山形国際ドキュメンタリー映画祭、最終確認日２０２３年５月28日）
●加藤幹郎＝編『アニメーションの映画学』臨川書店、２００９年

〈第２章　実写とアニメーションの間隙〉

●佐藤忠男&吉田智恵男＝編著『チャンバラ映画史―尾上松之助から座頭市まで』芳賀書店、１９７２年
●別冊映画秘宝編集部＝編『映画を進化させる職人たち　日本アクション新時代』洋泉社、２０１８年
●アンドレ・バザン研究会『アンドレ・バザン研究５』、特集「不純なバザンのために」山形大学人文社会科学部附属映像文化研究所アンドレ・バザン研究会、２０２１年
●谷垣健治『燃えよ!!スタントマン』小学館、１９９８年
●『ユリイカ』２０１５年10月号、特集「マンガ実写映画の世界」、青土社
●アンドレ・バザン〔野崎歓＋大原宣久＋谷本道昭＝訳〕『映画とは何か』岩波文庫、２０１５年
●高畑勲「60年代の東映動画が日本のアニメーションにもたらしたもの」、大塚康生『作画汗まみれ　改訂最新版』に所収、文春ジブリ文庫、２０１３年
●竹内博、山本真吾＝編『円谷英二の映像世界』実業之日本社、２００１年
●保科龍朗「勘違いの集合体 エヴァ現象 庵野秀明独占インタビュー」、『ＡＥＲＡ』１９９７年７月28日号、朝日新聞出版
●林正樹「バーチャルカメラ あらゆるカメラワークが可能なＣＧと実写の合成システム」、『画像ラボ』日本工業出版、１９９７年９月
●庵野秀明＋岩井俊二『マジック・ランチャー』、デジタルハリウッド出版局、１９９８年

●「映画とビデオ・アートの最前線、［対談］庵野秀明×松蔭浩之」、『美術手帖』美術出版社、２００１年４月
●『総特集 庵野秀明 アニメと実写の映像革命』（ＫＡＷＡＤＥ夢ムック）河出書房新社、２００４年５月
●［対談］digi+KISHIN×庵野秀明」、『美術手帖』美術出版社、２００４年６月
●森達也『ドキュメンタリーは嘘をつく』草思社、２００５年
●山口聡「プリビズの重要性」、『映画テレビ技術』日本映画テレビ技術協会、２００９年11月
●『ヱヴァンゲリヲン新劇場版：破 全記録全集』株式会社カラー、２０１０年
●ユヴァル・ノア・ハラリ『サピエンス全史』河出書房新社、２０１６年
●庵野秀明＋樋口真嗣「巨神兵東京に現わる」ルポ、『キネマ旬報』２０１２年６月上旬号、キネマ旬報社
●『熱風』２０１２年７月号、スタジオジブリ
●氷川竜介「怪獣特撮映画、空想力と独自の工夫の軌跡」https://www.nippon.com/ja/views/b04001/（nippon.com、最終確認日２０２３年５月28日）
●渡邉大輔「ポスト・シネマ・クリティーク第８回 ディジタルゴジラと「ポスト震災」の世界「庵野秀明総監督『シン・ゴジラ』」、『ゲンロン６・５』株式会社ゲンロン、２０１７年10月
●エヴァンゲリオン公式アプリ「ＥＶＡ－ＥＸＴＲＡ」https://www.eva-info.jp/eva-extra（株式会社カラー、最終更新日２０２３年５月28日）
●Reiko Tanaka「『シン・エヴァンゲリオン劇場版』、膨大な素材と緻密な編集を支えたAdobe Premiere Pro」https://blog.adobe.com/jp/publish/2021/03/22/cc-video-premierepro-interview-evangelion（Adobe Blog、最終確認日２０２３年５月28日）
●「押井守×ウォシャウスキー兄弟 日本・アニメ・未来」、『ＴＩＴＬＥ』２０００年５月創刊号、文藝春秋
●『マトリックス』劇場用プログラム、ワーナー・ブラザース映画、１９９９年

●『マトリックス リローデッド』劇場用プログラム、ワーナー・ブラザース映画、2003年
●『マトリックス レボリューションズ』劇場用プログラム、ワーナー・ブラザース映画、2003年
●『マトリックス レザレクションズ』劇場用プログラム、ワーナー・ブラザース映画、2021年
●『マトリックス レザレクションズ』特別版劇場用プログラム、ワーナー・ブラザース映画、2021年
●大久保遼『映像のアルケオロジー：視覚理論・光学メディア・映像文化』青弓社、2015年

〈第3章 フレームレートとテクスチャー〉

●「世界のアニメーション作家 ノーマン・マクラレンの世界」、『季刊ファントーシュ』Vol.1、ファントーシュ編集室刊行、1975年10月
●森卓也『アニメーション入門』美術出版社、1966年
●出口丈人「ノーマン・マクラレンの映画史的位置」、『アニメーション研究』第2巻第1号A、日本アニメーション学会、2000年
●松井浩子「映像のコマとコマの間に潜むもの──伊藤高志の初期作品を中心に」、『Arts and Media』Vol.7、大阪大学大学院文学研究科文化動態論専攻アート・メディア論研究室＝編集、松本工房、2017年7月
●昼間行雄＝編著『ファンタスティックアニメーション メイキングガイド』ソフトマジック、2001年
●石毛弓＋大島浩英＋小林宣之＝編『日仏アニメーションの文化論』水声社、2017年
●『神山健治：総特集：監督デビュー10年アニメ表現の新たなる地平』河出書房新社、2012年
●『009 RE:CYBORG ぴあ』ぴあ、2012年
●「神山健治×荒牧伸志『攻殻機動隊 SAC_2045』」、『FREECELL』Vol.31、プレビジョン、2020年4月
●『真・女立喰師列伝』公式解説書』ソフトバンククリエイティブ株式会社、2007年

- 鈴木敏夫＋神山健治＝対談「神山健治『００９』とアニメ制作の未来」、鈴木敏夫『鈴木敏夫のジブリ汗まみれ』復刊ドットコム、２０１６年
- 小林治「荒牧伸志監督インタビュウ」、『ＳＦマガジン』２０１２年８月号、早川書房
- 神山健治『映画は撮ったことがない　映画を撮る方法・試論』ＩＮＦＡＳパブリケーションズ、２００９年
- 「ビデオサロン6月号特集 フレームレート比較」https://www.youtube.com/watch?v=5R3nAv-jerk（VIDEO SALON YouTube チャンネル、最終確認日２０２３年5月28日）
- フレームレートによる動きの印象変化は、この動画を見るとよくわかる。四つの比較映像に映る列車の速度は全て同じだが、まるで速度の印象が異なるはずだ。「ビデオサロン6月号特集 フレームレート比較」https://www.youtube.com/watch?v=5R3nAv-jerk（VIDEO SALON YouTube チャンネル、最終確認日２０２３年5月28日）
- ＨＦＲの歴史については素晴らしい大口孝之氏による素晴らしい解説があるので、興味ある方は是非読んでほしい。大口孝之「アバター２はなぜ48コマなのか。ＨＦＲ映画がもたらす視覚効果とリアリティ」https://av.watch.impress.co.jp/docs/topic/1461878.html（AV Watch、最終確認日２０２３年5月28日）

初出一覧

〈第1章　現代アニメに息づく映画史〉

- 鬼滅の刃：劇場版『鬼滅の刃』を〝列車映画〟の観点から読む　エモーションとモーションの連動が作品の醍醐味に　Real Sound リアルサウンド 映画部
  https://realsound.jp/movie/2020/11/post-657241.html（2020年11月19日）
- ヴァイオレット・エヴァーガーデン：実写とアニメの境を見直す杉本穂高の連載開始　第1回は『ヴァイオレット・エヴァーガーデン』評　Real Sound リアルサウンド 映画部
  https://realsound.jp/movie/2020/10/post-631934.html（2020年10月11日）
- Away：『Away』はなぜアニメーションとして画期的なのか　VTuberにも通じる〝即興性〟を読み解く　Real Sound リアルサウンド 映画部
  https://realsound.jp/movie/2020/12/post-675581.html（2020年12月18日）
- すずめの戸締まり：『すずめの戸締まり』と震災ドキュメンタリーが捉える〝フィクションだから描ける現実〟　Real Sound リアルサウンド 映画部
  https://realsound.jp/movie/2023/01/post-1228486.html（2023年1月9日）

〈第2章　実写とアニメーションの間隙〉

- るろうに剣心：『るろうに剣心』が追求する〝実写ならでは〟の表現とは？　時代劇の美学と異なるリアリティ　Real Sound　リアルサウンド 映画部
  https://realsound.jp/movie/2022/09/post-1118815.html（２０２２年９月２日）
- シン・エヴァンゲリオン劇場版𝄇：『シン・エヴァ』ラストカットの奇妙さの正体とは　庵野秀明が追い続けた〝虚構と現実〟の境界　Real Sound　リアルサウンド 映画部
  https://realsound.jp/movie/2021/04/post-746406.html（２０２１年４月22日）
- マトリックス：『マトリックス』はなぜ〝画期的〟だったのか　バレットタイム演出が生んだ別のリアリズム　Real Sound　リアルサウンド 映画部
  https://realsound.jp/movie/2022/02/post-959828.html（２０２２年２月２日）

〈第3章　フレームレートとテクスチャー〉

- モルカー：実写なのにアニメーション？『ＰＵＩ ＰＵＩモルカー』から〝ピクシレーション〟を考える　Real Sound　リアルサウンド 映画部
  https://realsound.jp/movie/2021/03/post-716514.html（２０２１年３月４日）
- 攻殻機動隊：神山健治&荒牧伸志監督『攻殻機動隊 SAC_2045』から考える、ＣＧと実写の境界　Real Sound　リアルサウンド 映画部
  https://realsound.jp/movie/2021/12/post-920294.html（２０２１年12月10日）
- アバター：『アバター：ウェイ・オブ・ウォーター』は〝実写映画〟なのか　提示された〝新しい現実〟　Real Sound　リアルサウ

ンド 映画部

https://realsound.jp/movie/2022/12/post-1223103.html（２０２２年12月29日）

〈第４章　実写とアニメーションの弁証法〉

- アカデミー賞：なぜ〝実写部門〟がないのか？　アカデミー賞で考える、実写とアニメーションの弁証法　Real Sound　リアルサウンド 映画部
  https://realsound.jp/movie/2022/03/post-995638.html（２０２２年３月27日）
- トーキーとデジタル：書き下ろし

〈第５章　ＡＩ時代の演技論〉

- ジム・キャリー：ジム・キャリーはアニメーションと実写の境を超える　〝原形質性〟から考える〝デジタル時代の俳優〟　Real Sound　リアルサウンド 映画部
  https://realsound.jp/movie/2020/07/post-591256.html（２０２０年７月26日）
- ヴァル・キルマー：『トップガン マーヴェリック』がんで失った俳優の声をＡＩ技術で再現。技術革新が示す演技の未来　ＣＩＮＲＡ
  https://www.cinra.net/article/202206-briefing-topgun_iwmkr（２０２２年６月26日）
- 役者とＡＩ：書き下ろし

映《えい》像《ぞう》表《ひょう》現《げん》革《かく》命《めい》時《じ》代《だい》の映《えい》画《が》論《ろん》

二〇二三年一二月一八日　第一刷発行

著　　者　杉《すぎ》本《もと》穂《ほ》高《たか》

発 行 者　太田《おおた》克史《かつし》

編集担当　戸《と》澤《ざわ》杏奈《あんな》

編集副担当　築地《つきじ》教介《きょうすけ》

発 行 所　株式会社星海社

〒一一二-〇〇一三

東京都文京区音羽一-一七-一四　音羽YKビル四階

電　話　〇三-六九〇二-一七三〇

FAX　〇三-六九〇二-一七三一

https://www.seikaisha.co.jp

発 売 元　株式会社講談社

〒一一二-八〇〇一

東京都文京区音羽二-一二-二一

(販　売)　〇三-五三九五-五八一七

(業　務)　〇三-五三九五-三六一五

印 刷 所　TOPPAN株式会社

製 本 所　株式会社国宝社

アートディレクター　吉岡秀典《よしおかひでのり》(セプテンバーカウボーイ)

デ ザ イ ナ ー　榎本美香《えのもとみか》

フォントディレクター　紺野慎一《こんのしんいち》

校　　閲　鷗来堂《おうらいどう》

ISBN978-4-06-534535-1

Printed in Japan

282

SEIKAISHA SHINSHO

241

日本のアニメ監督はいかにして世界へ打って出たのか？

数土直志

日本のアニメは世界でどう戦ってきたのか？

２０１１年には２６６９億円だった海外での日本アニメの関連市場規模は、２０２０年にはなんと４倍の１兆２３９４億円に達しました。今や日本のカルチャービジネスの中核となったアニメは、いかにしてグローバルな人気を得てきたのでしょうか。世界的ブランドと化したスタジオジブリを支えた宮崎駿《みやざきはやお》と高畑勲《たかはたいさお》。国内以上に海外で評価される今敏《こんさとし》と湯浅政明《ゆあさまさあき》。国際映画祭へ戦略的に繰り出す細田《ほそだ》守《まもる》。若者の熱狂を人気の基盤とする新海誠《しんかいまこと》。不朽のシリーズコンテンツを築いた富野由悠季《とみのよしゆき》と庵野秀明《あんのひであき》など、本書ではアニメ報道の最前線を駆け続けるジャーナリストが日本のアニメ監督たちの世界進出の軌跡を最新動向まで丹念に辿り、日本のアニメの今こそ知るべき現在地を解き明かします！

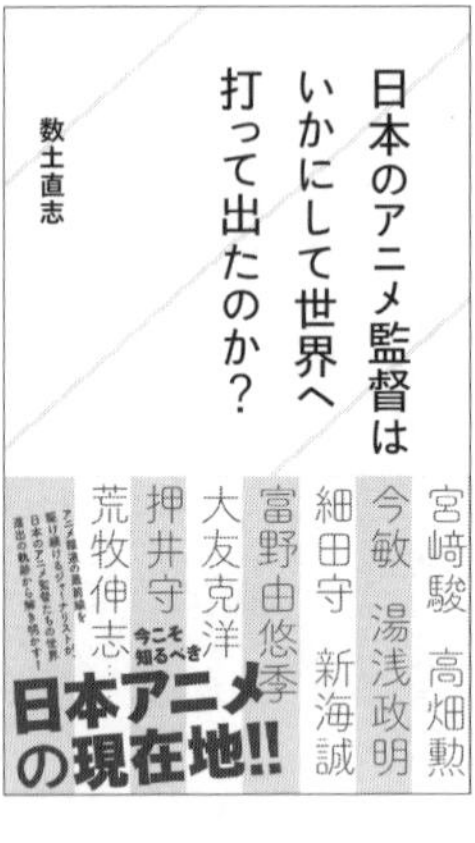

159

なぜオスカーはおもしろいのか？

受賞予想で100倍楽しむ「アカデミー賞」

メラニー

知的好奇心を刺激する「アカデミー賞」へようこそ！

「アカデミー賞」――その授賞式は万人を魅了してやまない極上のエンターテインメントショーであり、上質な映画作品との出会いに満ちた祭典。本書は、映画会社に23年間勤務しながらアカデミー賞の受賞予想をし続けてきた著者が、歴代の授賞式における心震える名スピーチや驚天動地のハプニングなど選りすぐりのエピソードを紹介しつつ、誰にでもできる受賞予想テクニックを余すことなく伝える一冊です。受賞作品を予想することによって、アカデミー賞独自の魅力はもちろん、受賞傾向から人種や性差別問題といった現在進行形のアメリカの社会情勢も透けて見えます。さあ、きらめく「超一流」の饗宴に酔いしれましょう。

245

韓国コンテンツのグローバル戦略

韓流ドラマ・K-POP・ウェブトゥーンの未来地図

黄仙恵《ファン・ソンヘ》

なぜ韓流文化《カルチャー》は世界を席巻したのか？

ドラマ『冬のソナタ』が韓流ブームを巻き起こした「韓流元年」＝2003年から20年が経過し、韓国コンテンツは世界中で人気を集めています。映像分野では『パラサイト 半地下の家族』がアカデミー賞を受賞、『イカゲーム』がNetflix史上最大のヒット、『六本木クラス』のように韓流ドラマのリメイクが日本で放映され、音楽分野ではKARAや少女時代によるK-POPブームのバトンがTWICEやBTSへと受け継がれ、縦スクロール型ウェブ漫画・ウェブトゥーンは漫画大国の日本にも普及しました。本書では韓流の20年間——韓国コンテンツビジネスがグローバルなIP制作・展開体制を築くまでの変遷を辿り、その躍進の秘密に迫ります。

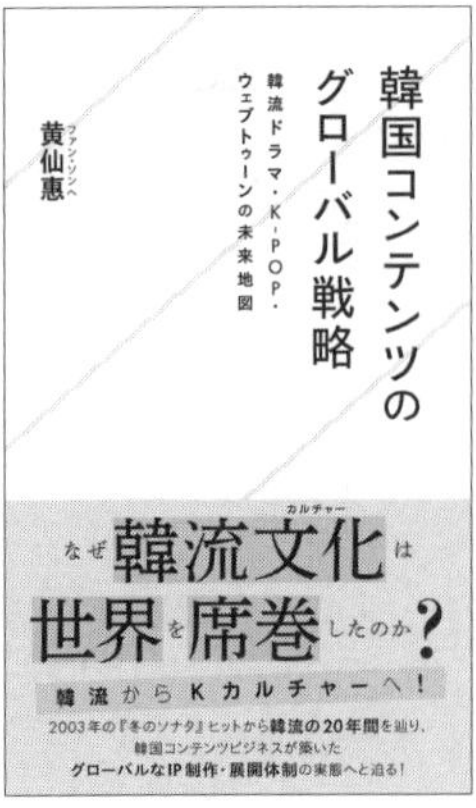

259

まんが原作・原論

理論と実践

大塚英志

無限の物語を生み出し、世界を構築するための新しいまんが制作論！

メディアミックスの現場で、ますます必要とされる「まんが原作」。これまで、広く知られることもなく、批評されることもなかった〝まんが原作制作〟のすべてを、まんが原作の第一人者・大塚英志が徹底解剖。理論編では、中上健次や梶原一騎のまんが原作を取り上げ、原作者の思考を「未然の文芸」「否定的媒介」といったキーワードで鮮やかに分析。実践編では、「企画書」の手法とプロセスを、著者の実経験を踏まえた日米のリアルな事例によって解説する。クリエイターや実務者がいますぐ見て学べる企画書の実例サンプルを巻末に所収。「原作」こそが「ユニバース」である！

次世代による次世代のための

武器としての教養
星海社新書

星海社新書は、困難な時代にあっても前向きに自分の人生を切り開いていこうとする次世代の人間に向けて、ここに創刊いたします。本の力を思いきり信じて、**みなさんと一緒に新しい時代の新しい価値観を創っていきたい。若い力で、世界を変えていきたいのです。**

本には、その力があります。読者であるあなたが、そこから何かを読み取り、それを自らの血肉にすることができれば、一冊の本の存在によって、あなたの人生は一瞬にして変わってしまうでしょう。**思考が変われば行動が変わり、行動が変われば生き方が変わります。**著者をはじめ、本作りに関わる多くの人の想いがそのまま形となった、文化的遺伝子としての本には、大げさではなく、それだけの力が宿っていると思うのです。

沈下していく地盤の上で、他のみんなと一緒に身動きが取れないまま、大きな穴へと落ちていくのか？　それとも、重力に逆らって立ち上がり、前を向いて最前線で戦っていくことを選ぶのか？

星海社新書の目的は、**戦うことを選んだ次世代の仲間たちに「武器としての教養」をくばることです。**知的好奇心を満たすだけでなく、自らの力で未来を切り開いていくための〝武器〟としても使える知のかたちを、シリーズとしてまとめていきたいと思います。

2011年9月

星海社新書初代編集長　柿内芳文

SEIKAISHA
SHINSHO